该专著为六盘水师范学院高层次人才科研启动基金项目，项目名称：云南省红河州河口县瑶族传统音乐文化研究；项目合同编号：LPSSYKYJJ201912

云南省河口县瑶族传统文化研究

詹林平　和春花　著

中国书籍出版社
China Book Press

图书在版编目 (CIP) 数据

云南省河口县瑶族传统文化研究 / 詹林平 , 和春花
著 . —— 北京 : 中国书籍出版社 , 2021.7
ISBN 978–7–5068–8618–5

Ⅰ . ①云…　Ⅱ . ①詹…②和…　Ⅲ . ①瑶族 – 民族文
化 – 研究 – 河口瑶族自治县　Ⅳ . ① K285.1

中国版本图书馆 CIP 数据核字（2021）第 156319 号

云南省河口县瑶族传统文化研究

詹林平　和春花　著

责任编辑	成晓春
责任印制	孙马飞　马　芝
封面设计	马静静
出版发行	中国书籍出版社
地　　址	北京市丰台区三路居路 97 号 (邮编：100073)
电　　话	（010）52257143（总编室）　（010）52257140（发行部）
电子邮箱	eo@chinabp.com.cn
经　　销	全国新华书店
印　　厂	北京亚吉飞数码科技有限公司
开　　本	710 毫米 × 1000 毫米　1/16
字　　数	154 千字
印　　张	9.75
版　　次	2023 年 9 月第 1 版
印　　次	2023 年 9 月第 1 次印刷
书　　号	ISBN 978–7–5068–8618–5
定　　价	70.00 元

前　言

中华民族灿烂辉煌的文化长河中,流淌着五十六个民族汇集而成的民族文化精华,在民族伟大复兴过程中,与之同步进行的就是民族文化的复兴。在这样的背景下,必不可少地要涉及民族文化的传承和发展,长期以来被人们所忽视的各少数民族地区的少数民族文化,必将是中华民族伟大复兴不可或缺的元素。

正是基于此种背景,笔者针对自己于 2019 年 4 月初至 2020 年 10 月中旬在云南省河口县瑶族聚居区的所见所闻,集合若干次参与当地瑶族人民各种仪式活动中的体验,围绕河口县瑶族的民族历史、迁徙历史以及游耕经济历史等对当地人民造成的生活习惯的影响进行调研与资料的收集。在现代市场经济化、信息化、文化多元化和教育国家化的现代背景下,当地瑶族人民的生产、生活特征在本民族原存文化的基础上,如何从信仰万物有灵的原始宗教到全民接受道教文化体系的影响;并在斗转星移的瑶族社会发展过程中,把瑶族世俗生活中的方方面面都纳入瑶传道教的体系之下,成为学者们越来越关注的问题。

在《云南省河口县瑶族传统文化研究》一书中,笔者立足于田野的第一手材料,结合民族学的学理逻辑关系,在第一章绪论中,笔者从红河州河口县瑶族的族源、族称以及相关的河口瑶族迁徙历史文献等方面分析论证河口瑶族的社会发展过程。

第二章围绕河口县瑶族传统文化生活中的饮食起居和衣食住行,从文化本体的角度逐步展开。除此之外,还分析和论证了河口瑶族传统节日和具体的风俗等。

第三章,以河口瑶族的宗教信仰为主体,依托笔者在河口县瑶族族群中长达一年多的田野调查第一手材料,综合印证于已有的相关著述,结合国内众多学者的有关论述,得出如下结论:从瑶族自身的宗教结合道教产生的历史背景来看,瑶族人民在长期的迁徙过程中,出于自身现世无法达到的幸福观,在内忧外患的种种压力之下,与道教的斋醮授箓科仪"一拍即合",慢慢地瑶族人民几乎全民信仰道教,特别是云南境内的蓝靛瑶和过山瑶更是如此。除此之外,笔者从佛、儒、道等宗教意识形态的发展过程中,以文化传播的研究视角分析瑶族道教信仰中的佛、儒的成分和渊源。

第四章,笔者在尊重事实的基础上,找出瑶族社会冲突文化发展变化的原因,针对瑶族的三大人生礼仪做具体研究。在河口瑶族婚礼仪式不同的具体仪节中,映射出根植于瑶族文化核心的社会象征意义。笔者以自己田野工作获得的,得出了河口瑶族婚礼仪式特殊的社会学价值标准取向,从而形成了河口瑶族独特的婚姻现象和社会文化现象。

第五章,笔者立足于长期的田野资料,结合瑶族社会受到道教文化影响的现状,把瑶族的出生礼和葬礼融入瑶族的文化生态系统中进行分析和论述,特别是河口瑶族的葬礼部分,集中分析并论证了在瑶族人生礼遇中,为什么葬礼会表现出那么重要的社会学意义。

第六章,讨论依附于河口瑶族生活中的传统音乐现象,如何与瑶族社会的各种仪式和礼遇充分地融合在一起。在这个部分,笔者结合田野资料,对河口瑶族社群中的师公和道公"身份互动",进行了具体的分析,得出传统的瑶族音乐文化在其中发挥既对立又相互交融的结论。在传统文化面前,个别师公和道公根据现实的需要,对自我宗教身份做出变化,总结出该地区瑶族传统文化中师公与道公身份界定秩序被打破这一事实,与一些专家学者的观点不尽一致。笔者以谢永雄撰写的《奇特的瑶族葬礼及其〈丧歌〉》作为对比进行分析,得出了河口瑶族传统音乐文化,特别是在丧葬文化中的差异性。

第七章,以河口瑶族社会中延续和传承了多年的宁静文化现象,处理传统文化中到处可见的音乐和舞蹈事项。笔者从多种渠道和方式说明音乐事项在传统和现实中的区别与变化,展示同一个区域不同的音乐体系与舞蹈的充分融合,而这一体系与稳定的瑶族文化生态环境存在着融合的联系。总之,任何一个民族的传统音乐,都是为了能够更好地服务于自身文化的需要,才会出现在田野中,音乐娱神、娱人经常会交织在一起,从而形成了瑶族传统文化别具特色的、绚丽多彩的,具有深厚社会意蕴的民族文化。

　　由于作者是以局外人的身份切入当地的世俗生活中,由于语言背景以及受教育背景等诸多方面的不同,对待民间传统文化的视觉和价值评判标准也不尽相同,在写作的过程中,如有不尽人意,不够完善的地方敬请各位专家、学者和广大读者批评和谅解。

詹林平

2020 年 8 月 15 日

目　录

第一章 绪 论

第一节 河口瑶族的族源及其族称

一、族源

（一）瑶族其祖先与"巨鹿之战"

在瑶族支系的布努瑶、蓝靛瑶等支系中,至今还在民间广泛地流传着蚩尤的英雄故事。从传说的角度以及在民间流传的口头文学看,九黎部落的首领是蚩尤。而与蚩尤处于同一时期的炎帝、黄帝两大部落起源并活动于宁夏、陕西、山西地区。在部族间为了谋求生存空间而造成不可调和的矛盾激化过程中,蚩尤领导的、曾经强大的"九黎集团",由于战略决策失误,对战斗误判,最终导致溃败。从此,"九黎集团"被迫向南方逃亡。经过长期的休养生息,蚩尤的后人在黄河流域以南、长江流域以北的华北及华中平原,重新发展成雄霸南方的"三苗集团"。在后期的历史和社会发展过程中,不断发展壮大的"三苗集团"一直与北方的尧舜禹集团时战时和。

> 我们瑶族命苦啊,在我还是小孩子时,听老一辈的人讲,我们的祖先原来居住在北方,蚩尤是我们这一族的英雄,后来败了,就一直往南搬,一路搬一路打。我们瑶族就这样为了活命,最终四分五裂、四处逃难。听老人们讲,我们蓝靛瑶这一支在明清时期就搬到了开化府。

访谈对象：李国秀,女,78 岁

时间：2014 年 11 月 29 日,星期天

地点：河口县瑶山乡上水槽村

在这里笔者要补充两点：其一,"九黎部落集团"的"九"是"多""众多"的意思,并不是说九黎部落一定是由九个部落组成的部落联盟,而是说,这个"九黎部落集团"是由多个或众多的部落组成的部落联盟集团。其二,正是在这次远古的"巨鹿之战"中,中国传统乐器的鼓,第一次被运用,而且用于战争。从科学的角度来看,即便就是在远古,也不存在天神,所谓的神也只是人们当时的认知能力的局限性,在心理上造成的对某一事物的崇拜。

瑶族具有多元的族源成分,民间传说有如下几种。

第一,帝喾(高辛氏)时代的盘瓠。

第二,西周平王时代的盘瓠。

第三,春秋战国时代江汉流域的荆蛮。

第四,秦汉时代的长沙、武陵蛮。

第五,南北朝时代的莫徭。

从语言文化学以及宗教信仰的角度,综合历史分析,瑶族的主体源于九黎集团,兼有百越、荆蛮的土著成分,是蚩尤九黎集团成员的后裔融湘、资、沅江及洞庭湖地区的土著民族而形成的多元族群。瑶族的历史可溯至古史传说中的蚩尤九黎集团与炎黄征战中的原始时代。巨鹿之战后,九黎集团解体,主体部分南移,在江淮地区又形成了一个强大的部落——三苗,与中原地区的尧舜禹集团相抗衡。遭禹挫败后,部分东迁与居于东南沿海的百越集团融合,大部分迁徙西南,在江汉流域与土著结合为荆蛮。商周时代,荆蛮中的一支脱颖而出,建立楚国。其余成员逐渐南迁,于秦汉时代达长沙、武陵二郡,与当地土著结合,形成长沙武陵蛮和五溪蛮。南北朝时期,武陵蛮一部发展为"莫徭",这是瑶最早的统一称谓。

唐代,封建王朝在湖南、广西、广东的北部瑶区设置羁縻州郡统治,其原始村社开始瓦解。

宋代,宋太祖遣兵进入荆湖瑶区讨伐"蛮寇",造成大批瑶民迁入两广。

元代,中央王朝设立"山官",对瑶族的控制和统治进一步加强,瑶民被迫向南迁徙,分布遍及两广,部分迁入云南、贵州。

明代,明王朝对瑶族实行剿、抚并举的政策,推行土司制度,推动了

瑶区的封建化进程。瑶族的居住中心由湖南迁徙至两广地区,部分集中于广西大藤峡形成聚居区。

清代,满族入主中原,建立清王朝。康熙年间,清王朝举兵进剿吴三桂。为免遭屠戮,居住于滇、黔的瑶民被迫大举向东南亚的越南、老挝、缅甸、泰国等接壤国迁徙。

"近50年,越战以及中印支战争又迫使中南半岛的瑶族大量迁徙到美国、法国、加拿大、澳大利亚等国,从此,瑶族成为一个世界性民族。"[①]

据《尚书吕刑》记载:"苗民,九黎之后。"可见三苗为蚩尤九黎之后,三苗的活动范围在长江中游地区[②]。瑶族是一个具有悠久历史的民族,其起源是有历史根据和渊源的,我们可以从民族语言学的现状去分析。从现今苗族的民族语言来看,蚩是苗的自称,而尤是瑶族的自称。我们也可以从我国现存的与之相关的历史文献古籍记载中去分析并得出。因此,笔者认为,蚩尤是由苗、瑶两大主体民族用民族自称的语言来命名的部落联盟首领。

根据一些专家、学者的研究以及瑶族民间史料的记载,综合起来有四种说法。

一说瑶族源于"长沙""武陵蛮",即今湖南湘江、资江、沅江流域和洞庭湖沿岸一带。

二说瑶族原始居住地在湖南、湖北、四川、贵州、江西、安徽、河南、陕西等省。

三说会稽山和南京又是主源地。

四说瑶族的来源是多元化的,既有长沙、武陵蛮和五溪蛮成分,也有百越成分。

就笔者来看,以上四种瑶族的族源理论,均不够全面,它们都或多或少部分地描述了瑶族在迁徙和发展的历史过程中,不同时期的历史空间分布。况且,这些说法的源头又在什么地方,没有明确的定论。编写《瑶族通史》的专家学者认为,瑶族其族源在历史上与九黎集团和三苗集团具有族源关系,这样的说法是客观的,是符合瑶族这一迁徙民族的历史特征的,有一定的文献史料记载依据。从历时性的研究视角,结合史学的材料我们不难得出瑶族族源与九黎集团和三苗集团间的渊源关系。

---

① 冯光钰,袁炳昌.中国少数民族音乐史[M].北京:京华出版社,1998:1345.

② 奉恒高.瑶族通史[M].北京:民族出版社,2007:50.

根据广泛存在于瑶族民间的《过山榜》记载,瑶族远古时期住在江苏南京石宝洞、浙江、福建、山西等地。下面列举一些与瑶族起源与居地相关的文献史料。

（1）中央民族大学民族研究所在湖南省蓝山县搜集到的瑶族文献《南京平王敕下古榜文》："南京平王敕下古榜文一道,跌落天下十三省,各治山头,瑶人收执为凭。"

（2）湖南省民族研究所在原湖南省江华县荆竹公社搜集到的瑶族文献《瑶族过山榜》说："平王女许狗头瑶,天下二十四山分点王瑶子孙所管。盘王正在南京石宝洞下紫金山住居落业,又到南海浮桥头,为祖地。"

（3）湖南省民族研究所在江华县荆竹公社搜集的瑶族《过山图》："平王券牒山图,给赋予子孙,按照管山营身。原系肇庆山头住,属南北二京山,又至浙江山、山海山、福建山、广东山、广西山、陕西山、四川山、云南山、贵州山。王瑶子孙分流天下,任从安居,刀耕火种。"

（4）湖南省民族研究所在湖南省宁远县九嶷公社收集的《过山榜》："凡百姓之人,安在六国九州,自立县门,分出十二姓瑶人,安在南京石宝山头。""六国"是我国古代的吴、东晋、宋、齐、梁、陈;九州是我国上古时期的行政区划,后以"中国"代称。

（5）湖南省民族研究所在广西恭城县势江乡搜集的《千家洞古本书》："以前我们祖先是在南京、江西省太和县人氏。"

（6）广西金秀大瑶山盘文政收藏的《世代流传祖居来历书》："十二姓板瑶出世居南京道,石宝店千家洞。"

（7）广西民族研究所在贺州市沙田狮东大冷水村搜集的《瑶族过山牒》："奉普国天下之十三省,南北两京、浙江、福建、江西、湖广、陕西、河南、山东、山西、云南、贵州、四川止。"

（二）瑶族起源的民间传说

在我国民间广泛存留的文献古籍中,都记载着很多有关瑶族起源的传说。瑶族是由众多支系构成的古老迁徙民族。

关于瑶族的族源,瑶族各支系民间收藏的《过山榜》《度戒经书大会科》都说,古时候,高王与评王(也有说紫王与评王)争天下,评王为了灭高王,招募天下的强人,并许愿谁取得高王的首级,不但封官爵,而且赏给金银财宝,还许第三公主为妻。盘瓠(盘护,后来评王封盘护为盘王)就设法战胜高王,取其首级来见评王,评王许三公主给盘瓠为妻,并割三百里地与他带着妻子去自己的土地上生活。后来,盘瓠生了六男六女,他赐给每人一个姓,即盘、邓、李、赵、冯、沈、包、黄、周、胡、唐、雷十二姓。此十二姓繁衍人丁逐渐兴旺发达,瑶族是盘王的后裔。

从语言学的角度来看,瑶族的语言属于汉藏语系瑶苗语族瑶语支,该语支是构成该民族语言的主体;从瑶族构成的主体成分来看,操瑶苗语族瑶语支的盘瑶各支系盘瑶、布努瑶、蓝靛瑶、过山瑶、排瑶、坳瑶等是构成瑶族的主体。

与其他民族持续不断的战争,以及人力无法抗拒的自然灾害,使得瑶族这个古老的民族不断地迁徙。在这一过程中,除少量贫穷的汉族群众外,还有部分壮侗语族人民被瑶族同化而成瑶族,成了瑶族族源的一些非主体族源的补充。从瑶族姓氏与宗教的关系来看,这样的社群组合模式是构成其亚姓的基础。

二、族称

瑶族的族称,最早出现在《梁书·张攒》上:"零陵、衡阳等郡有莫徭蛮者。"《隋书·地理志》也说:"长沙郡又杂有夷蜒。名曰莫徭。"

"瑶"的来源,各地文献史料记载各有差异,有的说以不事赋役而得名。由于瑶族多数都是傍山而居,处于各地政府行政能力所不及的地方,所以一直处于不服徭役的状态,故而在一些史籍中将莫徭意为免服徭役之意。据查,隋唐时期的一些文献开始用徭役的"徭"字来称瑶族。到了元朝以后,蒙古族统治阶级对少数民族都用侮称,使用反犬旁,瑶字写为"猺"。"徭"字的偏旁部首在历史上一直被不断地改变,反复出现徭—傜—瑶—傜—猺—瑶—傜—猺—瑶的变化。直到中华人民共和国成立后,才统一称为"瑶"。

瑶族内部交往过程中,通常使用自称。虽然自称很多,但是"瑶"始终是共同的族称。河口县境内的瑶族,从语言、习俗以及服饰方面分为"门瑶"和"勉瑶"两个支系。"门瑶"自称有"秀门""金门"和"金底门",意为山里的瑶人;他称有"蓝靛瑶""白线瑶""沙瑶""红头瑶"四种。"蓝靛瑶",因种植蓝靛染布制作服饰而得名;"白线瑶",因头戴白线得名;"沙瑶",因居住在低海拔地区和头巾像壮族(沙人支系)而得名。瑶山蓝靛瑶称蚂蝗堡的蓝靛瑶为"胃高门",此称谓意为衣服向内折叠的瑶人。

"勉瑶"自称"尤勉",意为瑶人;他称"红头瑶",因妇女头戴红布而得名。门瑶称勉瑶为"洞班秀",意为大板瑶。

第二节　河口瑶族的迁徙

一、瑶族迁徙的历史

据《瑶族简史》所述,瑶族向北方的迁徙,是在南北朝时期。那时,各个地方政权的更替频繁,社会不稳定,造成了各民族之间多向性的迁徙浪潮。

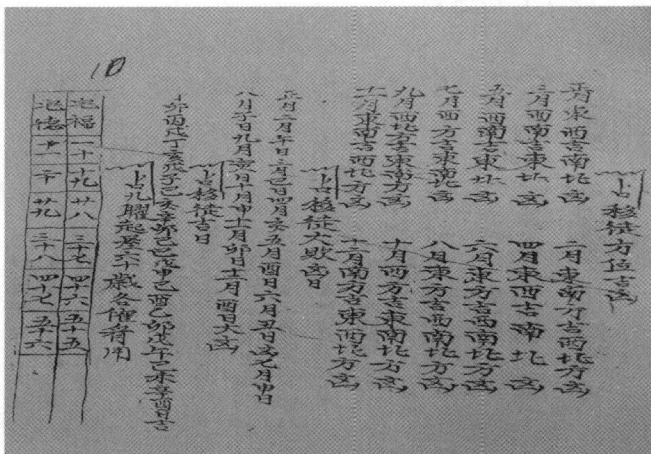

图 1-1　保留在河口瑶山乡蓝靛瑶中的瑶族经书《拾量书》

从这幅图可以看出,瑶族在迁徙时与占卜传统有关系。

瑶族作为云南省的一个世居民族,追溯历史,可以上溯至清朝初叶。那时,部分瑶族由两广分别迁入贵州和云南的南部山区。据清乾隆二十四年(1759)编纂的《开化府志》记载,开化府八里共有 1151 个自然村,当时只有东安里(今天文山州的西畴和麻栗坡)的马棚有瑶族与壮族杂居。其余 1150 个自然村都未见有瑶人居住。

河口县的瑶、苗、壮、傣、彝、布依等民族先后于 18 世纪末至 19 世纪初叶迁入聚居。瑶族定居于河口较其他民族为晚,加之历史的游耕传统,故多居于高山箐林。民国以来,国民政府大片出卖山林土地,地主趁机贱价收买和通过其他各种卑劣的手段掠夺瑶族人民辛勤劳动开发出的土地,致使瑶山区的瑶民都成了地主的佃户。再加上苛捐杂税,可以想象当时瑶族的生活凄景。

河口县的瑶族都是由湖南游耕经广西而来,经历了宋、元、明朝代,到了清乾隆末年、清嘉庆初年才进入河口。据调查,河口县的瑶族是分若干批迁入的,迁入路线为:

一是由广西经广南、砚山、文山、屏边游耕进入河口。由第一条路线进入河口的是莲花滩、瑶山、老范寨的蓝靛瑶,他们有的还经过开远、蒙自的地盘进入河口。当时开远、蒙自属于临安府辖。

2015年,笔者到河口去做田野调查,在蒙自—河口的大巴车上,与邻座的乘客闲聊到河口瑶族。邻座的旅客介绍说,如果是做瑶族的调查,希望对屏边一个村寨里的瑶族也做一些调查。我就问他屏边的瑶族有什么特点,他说在他还是小孩子的时候,一次到一个亲戚家玩,在亲戚家遇到一个瑶族爷孙俩,人们都叫那位老爷爷瑶王,每个人对他都是毕恭毕敬。当时就听大人说,瑶王的权力很大,方圆几十里,凡是瑶族,对瑶王都要顶礼膜拜。看着邻座的旅客,估计年龄也有60多岁了。看看他的表情,好像也在回忆他小时候时的那一幕。

二是由广西经富宁、麻栗坡、马关、桥头进入河口。由第二条路线进入河口的是桥头、南溪的瑶族。

三是由广西入越南游耕进入河口。第三条路线由广西进入越南游耕至河口的是部分红头瑶。

另一股盘、邓姓氏家族于清乾隆四十年(1776)左右,由广西进云南经西畴、麻栗坡、马关再流落在河口县桥头河沿岸,最后定居在黑山坡一带。

至于瑶族迁入河口瑶山的时间,根据一些老人回忆说:当时是分几批迁入,迁徙路线是先经广南而至开化、临安(今建水)、蒙自、屏边,然后分别聚居我县瑶山和散居在石板寨、大乌柏、干龙井、牛塘寨、太阳寨和新寨等地,以李、盘、邓三姓最多。据梁子寨老人李正芳说:他祖父李胜亮居于广南之前,迁居广南的已有数代了。按李正芳家谱《本命书》推算:由李胜亮的“胜”字辈至李妙才的“妙”字辈已有12代,以25年一辈计算,由李胜亮入居云南至今最少有300年历史。

二、河口瑶族追求自由的血泪历程

从巨鹿之战开始,瑶族的祖先就一直在为能够自由地生活而进行着不断的战斗。

这里,笔者仅仅就为读者提供一些瑶族历史上著名的、影响较大的战争。宋仁宗庆历三年(1043),湖南蓝山瑶族反对宋王朝民族压迫的斗争,历时5年,最终因力量寡众悬殊而失败。

明嘉靖二十三年(1544),湖南蓝山瑶族在赵明胜等的带领下,为了反抗压迫,发动了起义斗争。大明王朝在镇压瑶族人民起义的过程中,为了更好地统治瑶族聚集区里的瑶族人民,封有功之人为世袭的“抚瑶官”,这是统治阶级在少数民族地区设“瑶官”的开始。

三、河口瑶族迁徙歌——摘抄于红河州河口县瑶山乡

论句瑶人历史记,从旧到今过日程。瑶人本根广西区,搬落云南到步今。

为在明朝皇帝管,国内不安人乱离。权力管人不平等,恶人压世乱朝中。

地主官僚官兵恶,随随意意欺人民。国内妖星贼也乱,世上官员欺了人。

汉人多强瑶弱少,凡人不见日头光。妖星贼人四处乱,枪杀死亡无数人。

穷极艰难为逃命,搬落云南省里来。搬落云南临安地,开花元江居地藏。

平地茫茫好起业,安居乐业千般良。开荒开田种春吃,田地开得五千亩。

生活幸福人富贵,汉人得见起谋心。汉族官员叫瑶搬,临安此地立城中。

建立盐厂起城府,着搬别处众自愁。众自女男不意搬,汉人强迫搬离村。

含泪心思抽步转,逃难惨商重到重。搬到蒙自屏边县,山里茫茫忠在心。

安意落脚在此地，勤劳实务过生活。开荒开田过日子，年比年富度日良。

五谷丰登六畜旺，众自生活幸也富。水山也良养人好，人生秀才君子人。

嘎祖鲁嘛有人住，屏边鸡窝是瑶居。屏边山良风景好，瑶族为何又搬离。

二百年前三点乱，三点白旗乱众愁。三点白朝害瑶众，无处安居愁又愁。

三点乱旗众愁尽，苗共瑶人心一条。苗共瑶人齐起意，组织力量去灭汉。

打得汉人无处住，阴谋诡计假投降。从此汉人妖星鬼，心不满瑶起意逞。

千方百计想法子，计谋消灭众瑶人。诸色汉人全一意，杀死瑶人满岭头。

抢打瑶人无处望，像日落西申酉时。潜逃山中无饭吃，饥饿三年三月头。

汉人又量哄瑶众，出语哄人诳出山。书信言传报瑶众，何家无粮官赐分。

何个无粮无饭吃，官赐米粮给众人。瑶人得知齐相信，赖是真言齐出山。

诳到零开犀牛岩，立起围城高又牢。斩木作城高十米，汉官在此开会堂。

去到会堂团一处，官便令兵关上门。鸟在笼中无路转，被了汉官杀死完。

杀死瑶人五千六，从此伤心抛命离。从此要人伤心了，受苦受难重到重。

受苦受难千般尽，如受水汤十二淋。口吃黄连苦在肚，受苦渊重逃命飞。

逃藏山中无饭吃，饥饿重重坐不安。放猪行前人在后，见猪吃何人吃何。

同阳马蹄用当饭，蕉心做菜无盐添。衣又无衣裤无裤，如像野狸山里游。

一日盖棚是一个，蕉叶盖棚睡不迷。被了几多虫子咬，被了几多雨水淋。

注给瑶人无皇管,几世愚昧受苦人。乱转乱行搬到此,落在瑶山到步今。

自从广西搬到此,算来年久日头长。是在明朝皇帝管,从起广西搬上来。

六佰多年众亲位,住在云南瑶山中。前世瑶人多受苦,无个当官判事情。

在旧前朝省州县,曾听瑶人仲上官。县府瑶人无一个,府里官员无个瑶。

是为前朝皇帝管,法律不平欺着人。官府学堂立城里,瑶族无钱进学堂。

不进学堂不识字,世世文盲世世穷。也不出门做生意,观念旧陈眼不开。

世上事情样不晓,山外风光是个谜。论句瑶人文化事,源远流长到步今。

自学打铁造农具,自学打银做首饰。自己制造明火枪,自卫保家过生活。

制造火连点火使,自种草果做药材。自种棉花织布穿,过上生活世代人。

妇女绣花有手艺,缝补衣裳休不愁。手艺又强人又勤,自种蓝靛用染布。

自种米粮酿米酒,米酒又甜凉解心。瑶人学得汉文字,世代文明传到今。

也有师书正文字,也有道书白语言。也有何人歌章字,也有情歌世上传。

也有字谜分合晓,晓着之人算识文。男子生来注受戒,五字法班推算排。

受戒之人受法教,继承宗祖代代传。法教为人在世上,良心善意做平人。

平意近人不学恶,善心善意学文明。尊敬老人和妇女,不偷不摸是贵人。

瑶人旧朝受封建,封建统治害了人。封建统治害人愚,奴才担水度浮春。

人也压人鬼也压，阳也收钱阴也收。早朝夜晚问打卦，世上鬼神祭不完。

迷惑之人不知样，迷信渺茫知为何。皇正国安人民乐，国乱民愁无处居。

一九四八有传语，听传共产共红军。红军为民求解放，消灭匪帮地主人。

瑶人良齐烧香守，盼望红军早到山。木子光荣真玲利，投靠共产共红军。

一九五〇解放到，推翻就朝地主人。如能太阳升东方，照落深林四处明。

旧日三山压头上，得解脱离万众良。地主官僚妖恶贼，消灭完成得太平。

共产党和毛主席，胜过太阳暖众心。民族政策千般好，分给瑶人欢乐安。

五四之年立瑶区，区长便是李光荣。成立七个乡政府，瑶族干部做主人。

各族人民有党领，文化政治日日强。河口瑶族自治县，六三之年七月生。

县长瑶人党赐给，人民代表选开荣。选举瑶人当县长，县长便是李开荣。

工农联盟为基础，瑶族当家做主人。各族人民团结好，民也富裕国也强。

全国人民代表会，瑶族也有代表人。共产党来管国事，像日升东光又明。

党管建国五十岁，五十周年大变化。祖国人民高地位，政治舞台超外国。

政治经济文化上，建设繁荣富又强。社会春花如糖水，结果成糖万岁甜。

祖国茫茫省州县，社会春花开满园。民富国强人欢喜，小康生活在面前。

千岁万年穷根树，换开富苗嫩叶容。开叶富苗结富果，万岁成糖四季甜。

昔日盖房用茅草，今日瓦房立在村。村里高楼有人盖，钢筋混凝造新房。

人用勤劳知节约,溪水长流成大塘。蚂蚁含泥慢起府,有日成城四季安。

沙石放炉慢慢炼,有日成金世上名。细水长流成大海,钱财慢累苍金银。

谈不尽,再换笔头别语排。今日有党养育好,无数人员得出国。

去到美国大城市,逍遥观看好风景。大地平原边不见,万丈高楼不见顶。

上海北京大城市,香港澳门各地游。大地茫茫万里远,登上飞机不几时。

能无党领难起步,必定无富在面前。换别语,谈条铁路给人知。

滇越铁路开工日,一九〇四之年中。一九一〇建设好,四月初一通车行。

时间算来九十岁,九十年头到步今。修路六年时间内,工人饥饿病缠身。

挖路工人三十万,为路死亡六万余。法国出钱中出力,寻村派人听命行。

管路官员三千五,强迫工人每个忙。一日点工有两次,看是工人齐不齐。

何能逃兵不得了,给官找逢用命当。受打死活锁脚手,无命入阴月世人。

从上越南河内起,修道云南省府城。法国谋财修铁路,侵略中国犯罪人。

抢去中国无数宝,侵犯人权罪为天。是为清朝皇帝弱,无能为力被人欺。

八国联军侵中国,中国变成殖民地。英美德法俄日意奥八个国家欺上来。

国家乱,国乱民愁知望何。中国人民被欺负,黑暗国家何日明。

国里人民难抽面,日日低头当马牛。推到辛亥革命岁,孙中山来指路明。

辛亥革命中山领,黑暗中国有光明。全国人民来拥护,全心一条对帝国。

帝国主义被打败,打着白旗回老家。谈到此,重换别言给众亲。

国泰民安人欢乐,桃李成林枝配枝。星斗配天龙配日,众星凭日现天明。

天地茫茫三阳泰,六海茫茫明叶新。蝴蝶蜜蜂飞成群,是为树头花果糖。

生在新朝新春暖,齐享新朝社会福。新朝搭条金桥路,万岁光明在面前。

党能东洋长江水,民能龙鱼望水缠。众亲乐,党赐恩情万岁福。

人心比天高上望,水流向洋过几弯。虎生虎儿龙生子,灵俐难生灵俐人。

日月晶晶通天下,沙旁含叶对龙章。雷寻云头风寻雨,新龙井水算生湾。

乌猪在坭为命注,不知地面有桃花。何处有金人先使,何处开杨人先围。

人谈宝金心为意,凡浮世上为难争。金是禾花初结子,积留苍里用防饥。

金是文章通天下,留言世上给人知。金是银钱风流意,游游国度给人占。

甲子推流人为老,千金难买换颜容。看见太阳升又落,空比一章知了完。

彭祖受阳八百岁,张姑八万七千年。甘罗聪明命不久,少年十二便亡身。

告斗粮补用有命,无命使钱也是难。世上修斋也修难,功果不知安在何。

语是角音云通起,书名是叫盘朝荣。粮千年头庚辰岁,十月初十申时完。

第三节　河口瑶族的人文地理

一、地理

河口瑶族自治县位于云南省南缘,红河哈尼族瑶族自治州东南部,跨北纬 22°27′—22°47′,东经 103°24′—104°7′,总面积 1313km²。东北部与马关县接壤,西隔红河与金平县相望,北部与屏边苗族自治县毗邻,南沿红河至龙膊河口,东沿南溪河至坝吉河口,顺坝吉河至戈峰山嘴以河道为主航线,再从戈峰山嘴依山立界碑 22 座与越南民主共和国分界,国境线长 193km。

历代越南王朝都与中国历代王朝长期保持着友好关系和朝贡贸易。从秦汉时期到明清等朝代,西南地区经河口出口越南的主要商品有日用百货、布匹、丝绸、中药材等生活资料和用品。清代之后,随着通往越南的水陆交通条件逐渐改善,河口与越南贸易发展到兴盛时期。此期间,广东、广西、四川、山西等地的商贾纷纷到河口参与对越贸易,大批从越南进出口的物资在河口集散,形成了南方丝绸之路的第三条通道,进出口贸易空前繁荣。云南 80% 以上的物资都经河口出入境。河口逐渐成为初具规模的现代边境口岸。

全县地势呈阶梯状,北高南低,渐向东南倾斜。境内群峰秀丽挺拔,云海茫茫,古木参天,山高谷深。海拔高差异常,大尖山主峰海拔 2363m,而红河与南溪河汇合处仅 76.4m。山区占总面积的 97.76%,河谷较平缓的地区仅占 2.24%。

全县有以"一红一白"著名的红河、南溪河及桥头河为主体的大小河流组成了叶脉状的水系,对调节气候、平衡生态起着良好的作用。据《开化府志》记载,红河从汉代起即为我国通往交趾之重要水道,清朝末年每日大船三百,小船千余,来往如蚁。

1982 年,我国考古工作者在桥头河畔发现了距今三万年以前古人类居住的洞穴——孤山洞,同时先后在坝洒、瑶山、桥头等地发掘出新石器时代的石器以及战国至西汉时期的青铜器、贝币等出土文物。墨子

《节用篇》云："古者尧治天下,南抚交趾,北降幽都。"司马迁《史记》中有"四海之内咸载帝舜之功""南抚交趾"。说明很早就有中国人在这里繁衍生息。

二、人口

从瑶族的迁徙过程来看,云南省的瑶族几乎都是在明清时期从广东、广西迁徙而来,其中,红河州的瑶族多半聚集在以河口县、金平县为主的山区以及半山区。河口县东临文山州的马关县,南接越南,北靠屏边县,西临金平县,是云南省唯一的一个瑶族自治县。

其中瑶山乡、老范寨乡、莲花滩乡都是瑶族最集中的乡镇。由于这里距离城镇较远,进出都必须走山路,长期与外界没有多少交往。正因为如此,与其他乡镇相比较,瑶族的传统文化在这些乡镇得到了相对完善的传承。

蓝靛瑶:自称"侯门",意为"瑶人",他称"端勉门",意为戴蓝布的顶板瑶,俗称蓝靛瑶。主要分布于大围山一带的高海拔地区。

白线瑶:自称"耿门",意为"山人",他称"冐高门"意为"盖头人",俗称白线瑶。分布于中越边境的黑山坡一带,主要居住在海拔 2000m以上的箐中。

沙瑶:自称"见低门",意为"矮山人",他称"蕊尤",意为沙瑶。主要居住于蚂蝗堡一带河谷区,风俗习惯与白线瑶略同,由于与壮族接触较频繁,多能操汉、粤、壮语。

红头瑶:自称"尤棉",意为"瑶人",他称"洞班侯",意为"大板瑶",俗称红头瑶。分布于红河及南溪河沿岸,居住在海拔 300～600m 的山区。语言、服饰、生活习俗与蓝靛瑶差异较大。

河口县境内有 4 乡两镇以及 4 个农场。瑶族主要分布在瑶山乡、莲花滩乡、老范寨乡、桥头乡、河口镇、南溪镇、坝洒农场、南溪农场、蚂蝗堡农场。云南省境内的瑶族从内部的支系构成上看,主要分为蓝靛瑶和过山瑶两个支系,红河州河口县的红头瑶属于过山瑶。

三、民族分布

河口瑶族自治县地处祖国西南边陲,聚集着瑶、苗、壮、彝、汉、傣、布依等 23 个民族,还居住着归国华侨和越侨。

各族人民勤劳勇敢,能歌善舞。他们用传统的民歌表达感情,谈情说爱,交流思想,自我娱乐,教育后代。同时以民歌的形式记载历史,掌握农时,讴歌善美,揭露丑恶,赞颂盛世,憧憬未来。在各民族聚居的地方,不论是在生产劳动中,还是在节日、婚娶、丧葬、祭祀、生活、闲暇中,都能听到富有浓郁的民族气息和鲜明的民族特色的歌声。许多民歌曲调新颖,节奏流畅,优美动听,扣人心弦。

河口县瑶族按自称和他称分:育棉(红头瑶)、侯门(蓝靛瑶)、吉门(白线瑶)、耿底门(沙瑶)四个支系。育棉操红头瑶语,而侯门、吉门、耿底门均操蓝靛瑶语,均着蓝靛瑶的服装,故这三个支系也共称"蓝靛瑶"。

育棉(红头瑶):妇女头缠红布,衣袖裤脚及围裙绣五彩花纹,胸前缀银排扣。戴银耳环和银项圈。自称"zuy meny"育棉意为"瑶人"。蓝靛瑶称 toŋy pAn hIu(洞班侯),直译为"大板瑶",意为瑶族的大哥[①],他称红头瑶。"红头瑶"这一他称,已成为"育棉"的代名词。

侯门(蓝靛瑶):妇女用芭蕉叶和白布作顶板(也有用银板的),以天蓝色布或青布盖头,青蓝色衣裤,系红朱线。男子头缠黑布帕,胸前银排扣褂子。自称"hIu"(侯门),意为"瑶人"。异地瑶称其为"dtmeŋ mum"(端勉门),意为"戴蓝布的顶板瑶",他称"顶板瑶""蓝靛瑶"(山子瑶)。"蓝靛瑶"这一他称,已成为"侯门"的代名词。

吉门(白线瑶):妇女头顶青蓝布红边头帕,青蓝色衣裤并绣以红,白色花边。自称"kImmuny"(吉门),意为"山人",异地瑶称其为"guIkommuny"(胃高门),意为"盖头人"。他称"白线瑶"(因节日妇女头缠白线而得名)。"白线瑶"这一他称,也成为"吉门"的代名词。

耿底门(沙瑶):妇女头缠黑色纱帕,穿青蓝色徐襟上衣,衣裤饰以红色滚边,胸前缀红丝线。自称"kIm dI muny"(耿底门),意为"箐底人"。又因与壮族(沙人)聚集在一起,故得名"沙瑶"。"沙瑶"这一他称,已成为耿底门的代名词。

各个支系的具体分布情况如下。

---

① 瑶族将四个支系比作兄弟,红头瑶为大哥,蓝靛瑶为二哥,白线瑶为三哥,沙瑶为老四。

（1）蓝靛瑶主要居住在瑶山、老范寨、莲花滩。

（2）白线瑶主要居住在桥头乡的薄竹箐、竹林寨及南溪镇的大南溪办事处、水碓湾办事处所辖村寨。

（3）沙瑶主要居住在蚂蝗堡农场的曼帕、龙练及龙堡三队等地。

（4）红头瑶主要分布在坝洒农场的水头、马鹿塘、湖广和南溪农场的兆广、龙冬、马格以及蚂蝗堡农场的龙堡一队等地。

第四节　河口的历史沿革

一、河口县历史沿革的相关文献史料

我们不得不承认,河口的瑶族文化研究与文山州相比是有差距的,如果与广西相比,那就落后得多了。在此背景下,河口有些民族传统文化由于长期延误,从而耽误了抢救和整理工作,而且随着掌握这些民族文化相关文献资料的老人相继离世,也造成永远不能弥补的民族文化之殇。

20世纪90年代之前,河口县还没有编撰过自己本区域的地方志书。河口的民族、历史、文化、社会变迁、风土人情等内容仅仅是其他志书有限的记载。

在这里特别值得一提的是清乾隆二十四年（1759）撰写的《开化府志》,这是第一次以官方文献的立场将河口所有的村寨和民族记入史书之中。此外,还有清光绪末年,贺宗章负责撰写的《河口铁路修筑史》,现存于云南省文山州图书馆。本地编写的只有志书资料,如民国十五年（1926）河口督办陆锦先撰写的《云南河口对汛地质资料》;民国二十三年（1934）河口督办李洪谟撰写的《云南河口对汛督办及所属四队汛教育局云南通志条目》一册和《河口对汛实况及整理意见书》。

河口的地方志只有1994年出版的《河口县志》,除此之外就是2006年罗洪庆编写的《河口瑶族文化调查》,以及2014年由罗洪庆编写的《河口瑶族》。

二、建置沿革

元鼎六年（公元前111）,西汉在贵州、云南境内设置阳可郡和益州郡,河口属阳可郡进桑县。蜀汉至西晋改进桑为进乘县。

西晋(265—420)沿用进乘县,河口属进乘县辖。

南北朝(420—589)析为建宁州梁水郡和兴古郡的新丰县和西中县(今文山)。

隋循之。

唐代(618—907)属剑南道戎州都督府品州八秤县(今蒙自)。

南诏(649—902)时划归通海郡,始名贾诵步,属通海郡。

宋改为秀山郡的舍资、屈中、阿月、贾涌等部。

元朝(1206—1368)隶属临安宣慰司,阿僰万户府舍资千户。

明朝(1368—1644)隶属临安府王弄山长官司。

清康熙四年(1665)临安府析置开化府,河口分属开化府永平里(桥头乡老街子、中寨、冬瓜林、桥头、老汪山、大南溪、竹林寨、小南溪、坝洒、河口镇、瑶山、老范寨)、逢春里(下弯子村)、乐弄里(新街、石板寨、莲花滩、中岭岗、干龙井、嘎马、地古白)辖。

河口是我国西南的重要门户。1884年,法帝国主义强占越南后,立即把矛头指向云南。1885年清政府被迫签订丧权辱国的《中法新约》,辟河口为通商口岸。1904年,法国殖民主义者为进一步掠夺我云南资源,强行通过河口在云南境内修筑铁路。1910年滇越铁路建成通车,法帝国主义在我省掠夺大量财物从河口运出。帝国主义、清王朝和国民党的残酷压迫和剥削,使边疆各族人民食不果腹,衣不蔽体,求生无路,哪里有压迫,哪里就有反抗。近百年来,河口各族人民同国内外反动派的斗争从未间断,"白旗"造反,"黑旗"抗法,护界逐寇,河口起义,驱逐教士,抗日烽火,追歼残敌……他们用血和肉,谱写了一曲曲壮烈的凯歌。

1950年1月1日,成立河口县人民政府,隶属滇东南行署。1950年5月,为适应边疆地区行政区划的建设,把河口县更改为河口市。1955年2月,在云南省地方行政区划的统一调整下,又再次改回到1950年1月1日命名的河口县。1959年3月1日与河口县仅仅一山之隔的屏边县,因为行政区划调整,被合并到河口县版图,统称为河口县。1960年2月16日,成立河口瑶族苗族自治县。①

---

① 相关数据来自云南省红河州河口县县志办公室。

图 1-2　民国时期的中越界碑

　　县城所在地河口镇,与越南黄连山省的老街,一衣带水、隔河相望、鸡犬相闻,两国人民礼尚往来,进行经济、文化的交流。

第二章 河口瑶族的生活

第一节 河口瑶族的服饰文化

服饰文化是人类物质生产和思想文化在服饰发展演变过程中的综合反映。它与政治经济、思想文化、历史地理、宗教信仰、生活习俗、民族文化观念和审美心理等诸多因素紧密关联。它不仅是人类生活的需要，同时也是人类文明的标志。

在这里，笔者拟从河口瑶族这一古老的迁徙民族的生产生活现状出发，结合其经济条件和宗教信仰的背景、服装的功能，以及现代服饰文化对影响少数民族地区的诸因素，对瑶族的服饰文化作如下一些初步的分析。

一、祭祀服

云南省红河州河口县的瑶族祭祀人员分师公和道公。祭祀服也相应地分为师公服和道公服两种款式，瑶族将之总称为"满会"，即神衣（法衣），其实就是宗教人员在各种祭祀活动中所穿的祭祀服。

（一）师公服

门瑶师公服由头饰罗白、长袍、腰带和花带组成，长袍有黄、红、蓝（绿）三种颜色，黄色为上元服，红色为中元服，蓝色为下元服。师公服要在举行度戒、超度、祭寨、还盘王愿等较大宗教祭祀活动时才穿。师公服源于湖南梅山教唐文保、葛文仙、周文达三兄弟的法服，如图2-1所示。

图 2-1　笔者曾参加过一个度戒仪式,在休息的间隙,向师公邓绍友学习度戒舞的
基本步法和手位动作。笔者所穿的法衣为中元葛文仙的法衣

(二)道公服

道公服是一件黑色刺绣长袍,前后一般都绣有图案。整件衣服图案有天界(大罗天)太阳、月亮、二十八星宿、龙、虎、人、道教名山仙境等图案。这些图案体现了道教中的天堂及名山仙境的宗教观念。道公服是道公在度戒、送葬、超度时穿的法服。

勉瑶(红头瑶)只有师公服,款式为红花色长袍,头饰为一条红布系在头上。

从道公服身上的刺绣图案,可以看到一幅瑶族宗教信仰的直观图样,只有以深厚的历史文化做为积淀才可能创造出如此精美的东西,而这些已经变成了瑶族传统文化中的一个重要组成部分。如今,这样的特殊法衣只有在蓝靛瑶支系中才能看到,并且在道公代代相传。[①]

道公服的缝制,体现出中国传统的五行学说。五色配五方,五方配五音,五音配五行,五行又配十二时辰以及十二甲子和十二地支等。其图案内容包罗万象,是瑶传道教充分展示其汉族道教乃至汉族传统文化

① 余文.云南瑶族宗教服饰内涵[J].云南民族学院学报(哲学版),2002(5):18.

最为集中的体现。

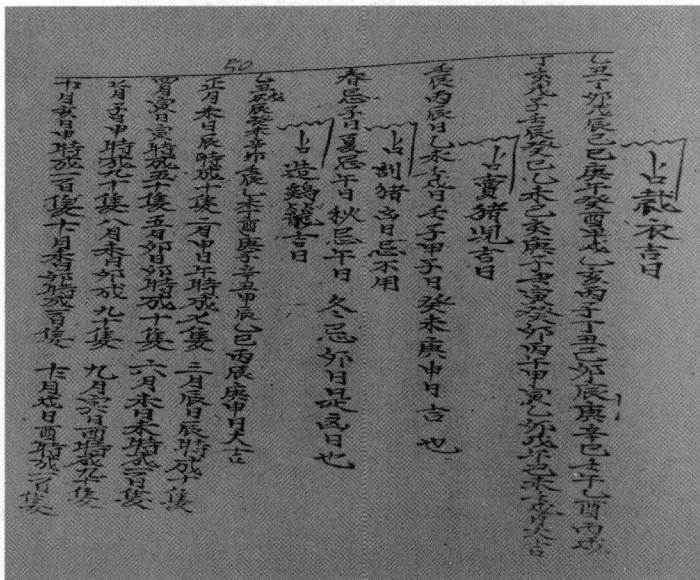

图 2-2　据瑶族经书《拾量书》记载，法衣裁缝时也需要占卜

按照传统，瑶族做法衣有一定的规定，不是每个妇女都可以做法衣的。大多数妇女只能够做传统的民族服装的裁剪缝制，而法衣的裁剪缝制必须由指定的特殊的人来做。

法衣做好后，用干净的红布把法衣小心地包好，送到当初来定做法衣的师公或道公家里。此时，定法衣的师公或道公要在家里经过烧香、洗手、请神等一系列流程，才算最终完成。此后，就可穿着法衣参加在各种媒介的祭祀活动当中。

访谈对象：邓绍友

时间：2015 年 12 月 19 日

地点：云南省红河州河口县瑶山乡水槽村委会上水槽村邓绍友家

图 2-3 蓝靛瑶用来织布的红色和黑色毛线

道公服的图案结构包括以下七个部分,分列如下。

(1)三清:元始天尊、灵宝天尊和道德天尊,是道派最高的神。

(2)众神仙:一般情况下众神仙均不会少于七十六位,紧靠在三清神的下方,分行均匀地排列于法衣背部。

(3)神殿:代表着神仙们居住的地方。

(4)二十八星宿:二十八星宿是道教中的记日方法,有时也能代表方位,可以用它来推算良辰吉日。二十八星宿的名字被绣于衣背各图案的空隙之间。

(5)动物:在道公服的左右两片前襟上绣有龙虎图案,背部绣有道教文化中的鹿和麒麟,这些动物均为仙人的坐骑。

(6)龙虎山、鹤鸣山、武当山、玉京山、紫薇山是道教的起源与兴盛之地,更是道家弟子向往的修行、朝拜圣地。绣于众神像之下,每座山都标出山名。

(7)八卦:八卦符号代表万事万物的性质与运动趋势,也代表着时间或方位等具体的概念,有时绣于衣服的前襟,一般都绣于道公法衣背部的底部。

图 2-4　道公李妙章在为笔者展示道袍

二、河口瑶族的传统服饰

据古代文献史料《隋书》的记载："瑶人承盘瓠之后，服装多用斑布为饰。"另据《搜神记》和《文献通考》的文献史料记载："瑶人绩织木皮，染以草实，好似五色衣服，裁制皆有尾形。"到了近代，瑶族各支系的服饰仍然保留着其独特的民族风格。

瑶族传统服饰中到今天仍然保留着比较明显的图腾崇拜的痕迹，《后汉书·南蛮传》载："瑶族先民盘瓠蛮'好五色衣服''衣裳斑斓'。"清代屈大均在《广东新语·人语·瑶人》中认为，"衣裳斑斓"是因为"盘瓠毛五彩"之故。

从文献记载来看，远在汉朝时候，就有对瑶族色彩斑斓和好五色衣裳的记载。云南瑶族服饰的差异性综合起来，可以表现为以下几个方面。

第一，各支系的服饰，其色彩风格特征均有不同程度的差异性。

第二，因居住区域不同，形成大杂居、小聚居的分布和居住特点，由于居住的分散，又表现出一些地区性的差异性。

第三,一定程度上表现为较明显的年龄差异特征。

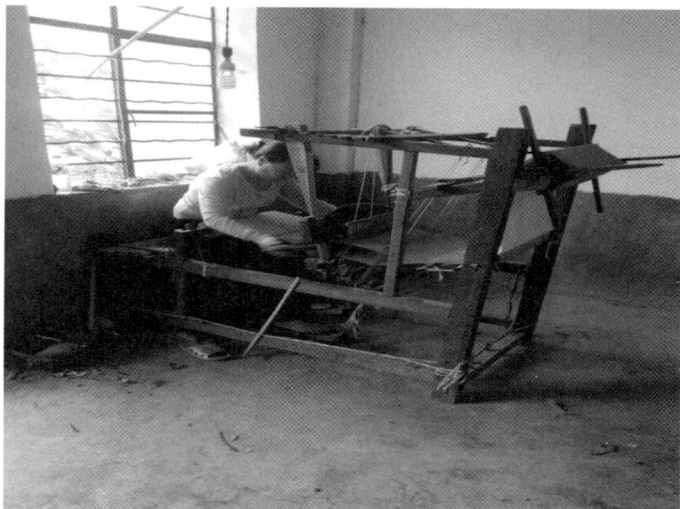

图 2-5　在织布的瑶族妇女

河口瑶族自治县门瑶和勉瑶两个支系都以黑色(黑布)为底色,配上红、蓝为主色调,衣服上缀有各种颜色毛线,绣有各种花鸟图案和十字花图案,呈现出黑中显红、清晰分明、清新高雅、色彩鲜艳、多彩斑斓的民族服饰特点。在花纹图案的绣法上,两个支系刺绣有所不同,门瑶以挑花绣(挑绣)为主,勉瑶以十字绣为主。

(一)瑶族儿童服饰

蓝靛瑶,儿童不论男孩女孩均佩戴自绣的花帽。女童服装衣长至膝盖,腰束毛线花腰带,头饰为黑红花帽,帽上缀红色珠串。15—16 岁时举行成年换装仪式,届时女童便取下花帽开始顶板包头,穿成人服;男童也取下戴了十几年的小花帽并缠上头巾。青年男女均以头饰变化以标志成年,以后便可以进行社交、寻偶等活动,如图 2-6 所示。

图 2-6　蓝靛瑶女孩传统的民族服装

（二）女子服饰

　　蓝靛瑶成年女子服饰为齐脚长服，款式为青蓝色圆领斜襟过膝长衣，两侧开衩，前后两幅向上提起反折于腰带上。青蓝色细裤脚长裤向上反折两道，衣边、袖口镶红、蓝色条边，裤脚镶蓝色条边，系花腰带，带上缀有黑白小珠串和红色珠线（或毛线）别于左腰，长衣的前后衣角上翻别在腰带上。领口饰银扣，缀红珠线（或毛线），腰系毛线花腰带，披垫肩，带上缀有黑白小珠串和红色线。成年妇女服饰均配有绣花包和坎肩，如图 2-7 所示。

　　妇女喜欢佩戴银饰品，主要有银耳环、银头锸、银针、银项圈、银手镯、银戒指、银牌、银链、银扣、银腰带、银串珠等。银饰具有辟邪和显耀财富的双重功能。头上用笋叶或竹壳或薄木板制成直径 15cm 左右的圆板，用圆木板固定白布绷紧（过去用芭蕉叶），头发盘于头顶后部，用蓝布帕盖之，露出顶面的半月形。白板色素秀丽，别具风韵。

　　桥头蓝靛瑶妇女服饰与瑶山蓝靛瑶有区别，特别是以头帕的区别最为明显，瑶山蓝靛瑶头顶板盖蓝布，而桥头蓝靛瑶头无顶板，头帕是由红布和黑布镶制而成，头缀显白的毛线。妇女穿青蓝色圆领斜襟长袖长衣，衣边、袖口镶红、蓝色条边。裤子为黑色长裤，系花腰带，带上系有黑白小珠串，红珠线别在左腰，长衣前左角和后右角向上提起别在腰带上。虽然衣袖与瑶山的蓝靛瑶基本相似,但衣衩区别也大。

图 2-7　新娘家的大小姻姑所展示的蓝靛瑶成年女子服饰

瑶山蓝靛瑶在衣衩镶的红布边只有 1cm 宽,而桥头蓝靛瑶镶的红布约有 5cm 宽,还缠有外腰带,带宽 10cm,订有铅制八角花约 50 个。瑶山蓝靛瑶胸前缀的毛线多,裤子细而长;而桥头蓝靛瑶胸前缀的红色毛线少,裤子宽而短,穿黑色长裤。

蚂蝗堡的蓝靛瑶,他称沙瑶,自称“耿底门”,意为“矮山人”,他称“蕊尤”,意为沙瑶。主要居住于蚂蝗堡一带河谷区,风俗习惯与白线瑶略同。由于与壮族接触较频繁,多能操汉、粤、壮语。因其生活地域和头饰与壮族沙人支系相似而被称为沙瑶。

蚂蝗堡的沙瑶妇女服饰与桥头蓝靛瑶妇女服饰相似之处有:穿斜襟长袖长衣,开衣衩,系腰带,前后两衣角向上反折别在腰带上,衣袖细而长。斜襟的斜度与桥头蓝靛瑶区别较大。平时头包黑帕,与壮族沙人支系相似。做媒人时,头缠戴白色印花头帕,颈挎银项圈、银链、银牌。妇女一般都上穿青蓝色圆领斜襟长袖过膝长衣,下穿青蓝色长裤,衣边、袖口、裤脚边镶红色条边,系花腰带,领饰银扣,系红珠线,戴银耳环、银项圈、银手镯,包青色头帕。

红头瑶语言、服饰、生活习俗与蓝靛瑶差异较大。妇女包红布头帕,四角缀有珠串绒球花穗。上穿青色对襟过膝长袖衣,袖下端镶红布,胸部对襟由上而下配有银或铝制錾花牌,錾花牌两边镶红布。下身穿长裤,膝以下全部有绣花图案,图样有树、八角花等不同颜色的图形。颜色有深红、血红、黑、白。腰系两片裙,分为前裙和后裙,裙上绣满花纹图案。胸饰银排扣和红色小绒球花边,背后绣有方形花纹图案,后领镶有小珠串花穗,后面系五彩花纹图案长围腰,色彩鲜艳悦目,婀娜多姿。红头瑶妇女平时喜欢佩戴银项链圈、银耳环、银手镯。

（三）男子服饰

蓝靛瑶男子穿青蓝色圆领斜襟长袖衣,外罩对襟褂子,袖口、纽扣、衣叉和口袋上缀有小花,青蓝色细裤脚长裤。年长者喜戴瓜帽或青布缠头。

举行过度戒仪式的男子,就不再戴花帽了(仅勐腊和江城的男子度戒后仍戴花帽),而开始包头,穿"罩襟衣裳"。斜襟长袖无领,衣扣用银或锡制成圆形,以布扣为底扣,扣为单数;外穿对襟褂子,称"开门衣裳",类似于汉族的坎肩,对襟。无袖无领,左右有口袋,袖口、纽扣、衣叉及袋口绣有小花,口袋上绣有八角花。但是,随着社会经济以及社会文化和服饰审美的变化的不断发展变化,如今的瑶族成年男子的服饰已经发生了翻天覆地的变化,如果仅仅从他们平时的服装穿着来看,已很难区分他们是否已举行过度戒仪式。

图 2-8　笔者与新郎家的代表部礼公、媒人及新郎在一起,
他们身穿蓝靛瑶成年男子服饰

白线瑶男子服饰,男子衣服分内外两件。男子内穿青蓝色圆领斜襟长袖衣,外罩对襟褂子,无绣花图案,比较素,头缠青帕,与瑶山的蓝靛瑶基本相似。衣扣有单数或双数不等。裤子,1980 年以前为蓝色,短而不长,现在青年男子穿青蓝色长裤。衣边、袖口镶蓝色条边,领口、袖口和前后横腰处打有白线,缠青蓝色布包头。仿汉族式样,旧式裤子只有老人穿。

沙瑶男子穿青蓝色圆领斜襟长袖衣,下着黑色宽腰大裆裤,青蓝色长裤,头缠黑帕,戴银项圈。做媒人或伴郎时,还要佩戴一套银链,链上缀银圈、银铃、银铲、银镰、银钳等。

红头瑶的男子服饰一般上穿青色圆领斜襟长袖衣,袖口绣有花边,背部绣有盘王印并缀有须穗,两袖有绣花图案,斜襟边沿镶红白布条边,下穿青色宽腰宽裆长裤。男子头包绣花帕,头帕两端有须线。

三、婚礼服

原先的蓝靛瑶举行婚礼时都着民族婚礼盛装,也就是最标准的民族服装,现在由于受到汉族服饰审美及其服装适用性等多重因素的影响,瑶族在结婚时所穿的婚礼服装均体现出一些汉族服装的影子。比如,新郎服装会把来自汉族区域的现代化服装——白衬衫穿里面,有的新郎还会系一条领带。不仅如此,瑶族青年在结婚时,为了新郎的形象体面,他们都会穿一双崭新的黑皮鞋以及黑色或白色袜子。

服装审美上的变化以及现代服装的经济、适用性等因素,加速了瑶族聚居区服饰"汉化"的进程。不过,瑶族青年在婚礼上所穿的婚礼服装,总体上看,还是属于标准的瑶族成年男子的民族服装。

新娘的服饰与其他姑娘的服饰区别在于头饰不同;新郎一般都要包头,现在也有不包头的,如图 2-9 所示。

图2-9　没有包头的蓝靛瑶新郎，笔者与新郎的合影照片

　　蓝靛瑶在举行婚礼的时候，婚礼仪式的主持人要与新郎、新娘一起着瑶族的民族盛装。除此之外，新郎这一方必须穿婚礼服（民族盛装）的人员还有媒人、部礼公、大小差郎以及新郎共五人。新娘服饰是在瑶族传统的成年女性服饰的基础上，再加上红头巾；在腰带上再增加更多的红色、粉红色、粉白色、橘黄色毛线。新娘一方必须穿婚礼服（民族盛装）的人员还有正堂、媒娘、大小接客、大小姻姑以及新娘共七人。

　　男服为（包括男女双方的男子）内穿一件长袖衣，外套两件（必须是两件，双数为吉利数）马褂，腰系红布带（必须系红色腰带，表示吉利、喜庆）。女方穿婚礼服的人为大小姻姑和新娘5人，穿两件外衣，大摆腰花带。新娘到合婚小宴席时封红色头帕，头上插银饰，瑶族叫插"马槽"头。新娘的这种头饰一直要佩戴到合婚宴席完，才能够还原头饰。新娘与新郎的整个服装相比，要显得复杂一些，程序要多一些。

四、河口瑶族服饰中的图腾记忆

　　瑶族聚居区由于受制于社会生产力极度落后的客观社会现实，受图腾文化观念的影响，在瑶族普遍存在的思维意识中，他们到现在都认为在人们生活周围，有为数众多的孤魂野鬼来作祟，来打扰影响人们正常的生活。特别是认为体弱的小孩子其魂魄尚弱，遂形成了祈求小孩子，特别是体弱多病的小孩子平安健康地成长的社会心理。

据笔者在河口瑶山乡调查时,当地的蓝靛瑶老乡称,儿童佩戴的这些饰物,主要是期待获得驱除孤魂野鬼等一切宵小的法力。从这一事例就可以看出,即便是到了 21 世纪,在瑶族聚居区,这种社会心理也还存在着。

第二节　河口瑶族的餐饮文化

一、河口瑶族的传统食品

居住在云南省红河州域内的瑶族人民,虽然有几百年的定居生活历史,但总体上还延续和保持着狩猎、种植业、采摘等生产方式。

在红河流域广泛的区域内,迁徙来的瑶族,如河口县的瑶山乡、老范寨乡和莲花滩乡,大多数人口居住在海拔较高的高寒山区。由于这些地区的土地资源等自然条件的限制,居住在高海拔地区的瑶族主要以玉米种植为主,其主食自然也以玉米为主。而居住在半山区以及河谷流域一带的瑶族,主要以水稻生产为主,大米成了主食。

此外,为了日常饮食结构的完善,瑶族人民还以荞麦、土豆和小红米等为辅食,同时将女性所采摘的野菜、野果等作为补充食物。

二、宗教祭祀食品

在瑶族的日常生活中,宗教信仰与瑶族的日常饮食也是大有关系。笔者通过近两年在瑶族聚集区的田野工作,发现一个最基本的现象,只要是瑶族村寨,几乎每一家每一户都会饲养一定数量的猪和鸡。之所以会这么普遍,除了受现代市场经济的影响外,还有另外一个重要的原因就是,鸡和猪是瑶族社会中,举行宗教祭祀不可或缺的重要祭品。只有在满足祭祀活动需要外,剩余的才会留下来供日常生活食用。

根据笔者两年多对田野工作的了解,比如在做度戒或还盘王愿等重大宗教仪式活动时,由于这些活动已经提前一两年就请师公或道公算好了日子,所以,为这些活动所准备的猪和鸡提前就开始精心饲养了。这些祭品不能够用在其他地方,甚至猪生病了,还要请兽医尽快医治,以保证将来的祭祀活动能够正常进行。

　　云南境内以蓝靛瑶和过山瑶为主体的瑶族人民,其传统的饮食与宗教的相互关系错综复杂,具体分析后,可以知道如下情况。

　　猪和鸡是祭祀用品,几乎全部的饲养目的都是作为家庭中祭祀所需的宗教祭祀食品,而不是为了经济目的。特点是猪的饲养还需要请师公或道公提前算好日子,为占卜一两年后的活动开始养猪。

　　比如 2015 年 12 月 18 日笔者在云南省红河州河口县瑶山乡水槽村委会顶坪村做田野调查时看到的,主人家除了照顾好来参加度戒仪式的亲戚朋友吃喝外,还要把很多肉,包括猪头、猪脚拿出来按标准分配给来参加度戒的师公和道公以及他们的徒弟们。就笔者现场看到的,要分掉 150 斤左右的猪肉,剩余部分才留作家用。所以,度戒仪式过程中,请的师父多,就需要主人家杀两到三头猪。

　　而这些猪都是提前一两年就要开始精心饲养的,不能够用在其他地方。瑶族认为,如果不这样盘王或家先等神灵将会降罪于这个家庭,这个家庭将会年年不顺,人畜都不平安。杀过年猪除了为家里提供一年四季的肉食外,另外一个主要的目的,就是为一年当中各种各样的仪式及祭祀活动留够充足的猪肉。

　　此外,在瑶族的仪式和祭祀活动中,鸡和鸡蛋也是不可或缺的祭献贡品之一。

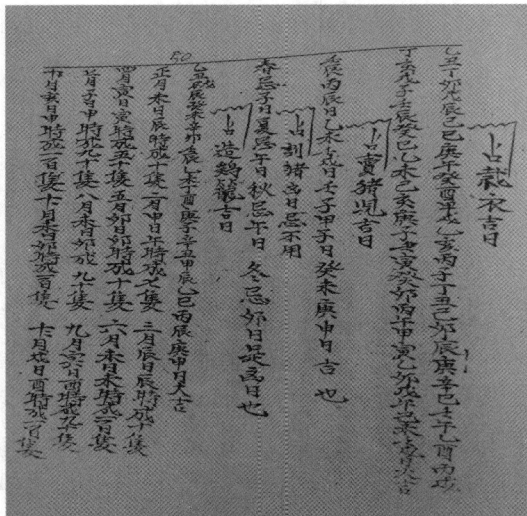

图 2-10　从保留在河口蓝靛瑶中的瑶族经书《拾量书》所载内容可以看出,河口蓝靛瑶对猪的饲养、出售和宰杀都要按照占卜的结果进行

在瑶族举行各种祭祀时,用本地大米加工烹制一些独具民族特色的糍粑作为祭献贡品,亦是不可或缺的,如图 2-11 所示。

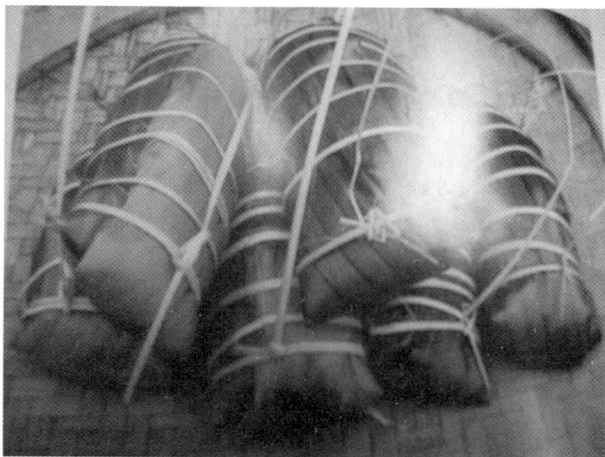

图 2-11　在节日或祭祀时祭献贡品之一的糍粑[①]

清明节时,河口县的瑶族人民还会采用本地大米蒸煮一种被当地人称为"花饭"的特殊祭祀贡品。传说在洪荒时代,生养瑶族的女性始祖最后死在一棵高大的枫树下。因此,瑶族人民为了纪念这位伟大的女性,每年的清明节都会用枫树的叶子制作花饭来祭祀瑶族的祖先。也因为在制作烹制花饭的过程中,要用到枫树的叶子,所以,花饭在一些文献史料中被称为"青精饭"[②]。

每一年的农历三月初三这一天,既是瑶族传统的清明节,也是瑶族的"花饭节"。界时,瑶族村寨里家家户户都会用优质糯米来做花饭。

三、河口瑶族饮食的禁忌

传说中,瑶族的祖先盘瓠就是一只非常神异的龙犬。他娶了帝喾的女儿为妻,最后才繁育了瑶族。因此,瑶族人都不吃狗肉。另外,很多瑶族人也不吃牛、羊、马等家畜的肉。笔者在 2014 年 11 月底到河口县瑶山乡做田野调查时,得知仍有不少老人不吃这些肉。

---

① 邓永和. 河口瑶族自治县概况 [M]. 北京:民族出版社,2007:18.
② 吴永章. 瑶族史 [M]. 成都:四川民族出版社,1993:409-410.

　　我们瑶族不吃狗肉,我还在小时候就听爷爷奶奶辈的人讲过,几十年过去了,在我的记忆中,长辈们也没有吃狗肉的事,我也没有吃过。

　　具体是为什么,我也不太清楚,就知道我们瑶族的祖先是狗变成的,所以我们都不吃狗肉。

访谈对象:李国荣,水槽村委会党支部书记,56 岁
时间:2014 年 12 月 26 日
地点:云南省红河州河口县瑶山乡水槽村委会上水槽村

四、瑶族姓氏

　　我们都知道的,瑶族在不断的迁徙生活过程中,其族源成分逐渐开始多元化,汉族和其他少数民族随着生活地域的关系,对瑶族传统的宗族体系形成了一个有机的补充。而在这一过程中就出现了一种关于姓氏的开始现象。

　　我们都知道,在瑶族的《过山榜》标明有十二姓,从人类学的研究角度出发,并不是说当时的瑶族由十二个姓氏组成,而是由十二个具有较大规模的支系组成。而这十二个姓氏就是大姓,如李姓是大姓,但"酸李"或"青李"就是亚姓。瑶族亚姓是怎么来的呢?一是在民族迁徙的过程中,非瑶族人口为了谋求平安稳定的生存条件,而与瑶族的十二个姓氏构成一种依附关系。其中,单个或几个新加入该族群的人就只能够获得亚姓的资格。从此以后,该亚姓人的子孙将一直是亚姓,只能够享有亚姓的社会资格,如挂灯、婚姻等社会问题。为什么有"青李""酸李"的称谓呢?笔者将继续回到宗教祭祀仪式中祭品与瑶族传统食品的主题上来。

　　在过山瑶的挂灯仪式以及其他宗教祭祀仪式活动过程中,其祭坛上供奉的众多祭品中,如果必须摆一碗稍微有点偏酸的猪肉(因为他们平时习惯吃稍微有点偏酸的猪肉),则这一家人就是瑶族李姓中的亚姓"酸李";而其祭坛上供奉的众多祭品中,如果必须摆一碗青菜(因为他们平时经常吃青菜),则这一家人就是瑶族李姓中的亚姓"青李"。

　　亚姓的另一个来源就是瑶族的婚姻关系和家庭关系造成的,在瑶族传统的婚姻生活中,有的地方,一个外族的男子和瑶族的姑娘结婚后,

又在瑶族村寨本家生活,那么他们所生育的子女都将是该家庭甚至是该家族的亚姓。另外一个情况就是家庭收养关系造成的亚姓,如果一个外族的小孩子,被瑶族家庭从小收养长大,在该小孩子长大结婚生子后,他的孩子也有可能是亚姓。

亚姓人与主人家之间有什么区别呢?就笔者在田野工作中所看到和了解到的,在度戒时(河口蓝靛瑶对亚姓没有那么严格的要求),过山瑶(红头瑶)特别是金平县的过山瑶对亚姓到现在都有比较严格的世俗体系。比如,本姓人家的孩子挂灯时可以挂七盏灯,而亚姓人的孩子则只能挂三盏灯,并且世代沿袭这一规定。这一现象在云南省红河州金平县过山瑶族群中普遍存在。

> 我们家太阳寨一个侄媳妇,就是从金平过来的红头瑶。娘家姓李,听我那侄媳妇说,她娘家的男人在挂灯时,就只能够挂三盏灯,和其他姓李的人家不一样。我那侄媳妇,说是她丈夫祖上是青李,至于为什么会被寨子里的族人们叫做"青李",连她本人都不知道。

访谈对象:王正国
时间:2015 年 12 月 28 日
地点:云南省红河州河口县瑶山乡水槽村委会上水槽村

第三节　河口瑶族的居所

一、河口瑶族居所的室外环境

瑶族是个频繁迁徙的民族,居住地在新中国成立前极不稳定,一般都是在山中立村安寨。清道光《他郎厅志》(今普洱市墨江县)记载:"瑶人自粤迁来,居无定处,每至深山开垦种地,俟田稍熟,又迁别所开垦如前,不惮劳瘁。""入山唯恐不高,入林唯恐不深。""食尽一山又一山。"这些记载都不同程度地反映了瑶族游耕和狩猎的历史。

瑶族寨老们对于村寨的选址,一般都会遵照"依山险而居"的原则,伐木盖棚以栖身,采取原始的"刀耕火种,开荒种地,采集狩猎,待雨后而耕"的生产方式。瑶族村寨山峦起伏,峭壁林立,溪流纵横分布,各支系的村寨有的聚居(或散居)在山脚溪旁,有的在山谷山腰,有的在岭脊的陡坡上,一般都倚山立宅,村落一般都不易被发现。20 世纪 80 年代,一位到瑶乡的工作人员编了一句顺口溜:"高山耸入云,峡谷万丈深,林中藏村寨,闻到歌声不见人。"这多少反映了瑶族居住环境的特点。

河口县蓝靛瑶的村寨多散布在高山,而田地大多都在山谷,距离村寨比较远。因此,为了方便到田地里劳动,河口县的蓝靛瑶一般都在田边盖有简单的田棚。田棚的建筑有石木结构、竹木结构、土木结构三种,屋顶一般用茅草、石棉瓦或者竹瓦盖顶。可以说,在蓝靛瑶的社会经济活动中,田棚就是瑶族的第二房产。

有的人家在田棚里还养有猪、鸡、鸭、鹅等家畜家禽。有的田棚由于水利条件的便利,还安装有碾米的水碓。在农忙时节,家庭里的主要劳动力住在田棚,农闲时老人住田棚看守猪、鸡、鸭、鹅等家畜家禽。由于田间地头离村寨有一段距离,空气清新,自然环境也幽静舒适,瑶族老年人都喜欢在这里安享清净的晚年生活。

图 2-12　以前的瑶族民居 [①]

---

① 　邓永和.河口瑶族自治县概况 [M].北京:民族出版社,2007:39.

图2-13　笔者在云南省红河州河口县瑶山乡水槽村委会做田野调查的上水槽村[①]

　　河口县的红头瑶和蚂蝗堡的沙瑶由于居住在低海拔地区,气候炎热,所以住房就多以竹木结构为主。木为柱子,竹为篱笆,用茅草或竹瓦(竹子一破两片,再把竹节削光滑当瓦)盖顶。当地瑶族称这样的房子为"千柱落脚"的篱笆房。房型像马鞍子。房内用木板隔成小间,用竹掌巴(相对细一点的竹片)铺楼。楼上一般都是堆放粮食和杂物,楼下分隔成若干小间,正中间为堂屋,左右两边隔成小间用于居住,厨房设在旁边。

二、室内布局与宗教信仰的关系

　　在瑶族聚集区,从传统的住房结构上看,神龛的供奉之处即住房的中心和本家庭的中心所在。

　　　　我们瑶族,家家户户都拜祖先,拜三清、三元、玉皇大帝、盘王、雷神、四帅、谷娘、山神等道家神灵。就像汉族拜天地拜祖宗一样,之所以把家里正对大门最宽敞的中门间作为供奉祖先灵位的地方,就是希望众位家先和道教诸神灵保佑我们家平平安安、五谷丰登、六畜兴旺。同时,把神龛设在中门间靠后墙的地方,是方便众位家先和道教诸神灵逢年过节到家里来时方便,也是我们瑶家对家先和道教诸神灵的尊敬。

访谈对象：盘正元,男,62岁,河口县瑶山乡的县级非物质文化遗产传承人

时间：2015年2月19日

地点：云南省河口县瑶山乡水槽村委会上水槽村。

在河口蓝靛瑶聚居的村寨,关于"家"的神圣意义,主要表现在一楼的空间布局安排上。几乎每一家的房子,其一楼正堂中间一定会摆放着神龛,上面都摆放有神位。这里是瑶传道教众神灵或本家族的家先来到家中最为敞亮的居所。在瑶族集居区的村落中,房子再小也要在一楼正堂进行此类的设计和布置,关于这一点笔者在做田野时深有体会。

三、河口瑶族住房的功能分布

以前,蓝靛瑶传统的房子以草房居多,新中国成立后,红头瑶、蓝靛瑶大多盖了瓦房,住房依山而建。动工之前必须请本村的道公,根据主人家的生辰八字算吉日破土,以保人畜兴旺,平安顺利。房子一般规格为一屋三格,内径宽两丈余,高一丈有余。

蓝靛瑶房屋大多分为三间,上下两层,楼上一般放家具、堆粮食和安置未婚者的床铺。楼下一般为堂屋、厨房、老人和已婚者的卧室。20世纪80年代之前,大多都住茅草房,房子用抗虫、抗朽的圆木栽于土中为柱子,柱上有权,木为椽,茅草盖顶,大多数人家都夯土墙。

因为河口县蓝靛瑶聚集区村寨周围有大量的竹子,所以也有人家用竹子为篱笆的情况。各地的房屋结构大致有两种：其一夯土墙的人家,用六棵木柱,柱高与墙齐平,土墙上立架,木柱为顶架辅助,以木为梁,以老竹为椽和横条,用篾捆、茅草盖顶;其二房子用九棵木柱,其中有三棵中柱,六棵边柱,按尺寸比例画线凿眼,穿方木为架,梁椽全部用木料,分为上下两层楼,一般楼上为通间,楼下为三间,称为穿斗房。

中间的堂屋正中央除了摆放神龛外不放置任何东西。蓝靛瑶实行人畜分居,所以猪厩、牛厩等都单独盖在屋外。20世纪80年代后,有的地方盖起瓦房、砖混结构的楼房。现在有的交通不方便,偏远的高海拔山区贫困村,政府划拨专项资金作为扶贫款来资助人民群众盖起了砖木结构、土木结构的房子。

瑶族在秋冬季节乃至春节前后,习惯在堂屋里烧一个火塘,用于煨水和煮饭菜。在高海拔的瑶山乡、莲花滩乡、老范寨乡更是如此。冬天,

几乎每家每户都烧一个火塘。寒冷的冬季刚好也是农闲季节,也没有多少农活要做,一家人会围着火塘取暖。

四、河口瑶族的建房习俗

瑶族在建房的时候,本村人都会不计酬劳地前来帮忙。不仅如此,在筑墙、驮运草瓦时也不吃主人的饭,直到立架盖顶的日子主人家才为前来帮忙的乡亲们提供饭食。瑶族各支系中相互帮助的意识较强,一家有困难大家帮,一户盖房大家忙。因此,劳动力差的家庭也可以盖房子。这种行为本身就反映了在瑶族聚集区的社群中,还存留有原始的"有难大家帮,有饭一起吃"的思想。

瑶族在选择房址之前一般要先请道公看坐基的风水,一般是在相的地方挖个小坑,坑中放七粒稻谷,这七颗稻谷的摆放还有一定的讲究。

先以房主的生辰八字测算出房主的命相,然后确定大门的朝向。一般是木命朝南,火命朝东或南,土命则朝西或南,金命朝北,水命朝西或北。当然,如果受特殊的地理条件所限制,主人家在师公道公的协助下也可以适当折中而行。

盖房之前,一般都要举行一个简单的祭鲁班仪式;到了立正梁的时候还要再祭鲁班。鲁班神是瑶族道教神灵系统中极为重要的一位神灵,是各种宗教祭祀仪式中必须祭祀之神灵,尤其建新房的时候就更为重要了。在滇南红河流域瑶族聚集区的村寨,民间建新房时还有这样的习俗:立柱上梁的时候,木匠师傅一边立柱上梁一边还口中念念有词,祈求祝福,如图2-14所示。

同样的风俗习惯在同属于一个支系的文山州富宁县蓝靛瑶聚集区也有。上梁的时候,房屋正梁的中间还要挂上写有"大吉大利"四个大字的红布,有的人家还会燃放鞭炮以示庆祝。房屋周围用木板、篱笆或夯土墙作围墙,以起到避风或防盗的作用。上梁后,主人家会邀请亲朋好友和前来帮忙建房的人们到新房喝酒吃饭,并燃放鞭炮庆祝。来做客的人要给主人家送一些礼物以示祝贺。主人家于此时还要请人来念经谢神。在瑶族建新房子的过程中,也体现了瑶族人民团结互助的道德观念。

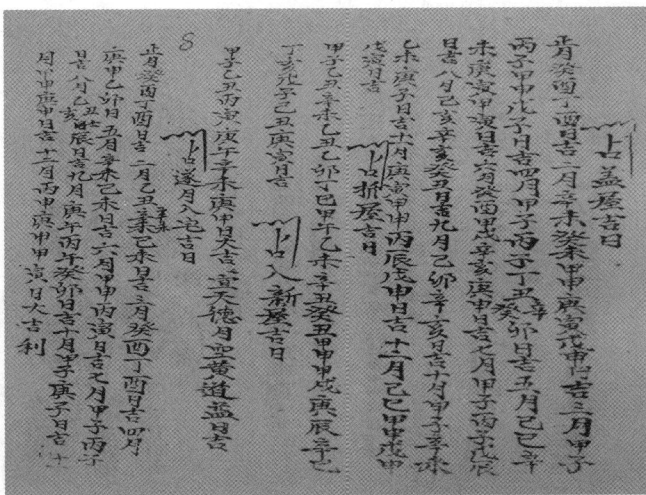

图 2-14　河口盖房子的传统习俗,根据瑶族经书《拾量书》所载内容为依据,进行占卜,然后以此为据盖房子

第四节　河口瑶族的语言和文字

一、河口瑶族的语言

瑶族语言属汉藏语系苗瑶语族瑶语支。河口瑶族自称分为"门"和"尤勉"两种。"门"分为"秀门""金门""敬低门"为蓝靛瑶支系,讲汉藏语系苗瑶语族瑶语支门方言;"尤勉"为红头瑶支系,讲汉藏语系苗瑶语族瑶语尤勉方言。

蓝靛瑶和红头瑶语言,多数单词相同或相近,但一般不能相互通话。两个瑶族支系瑶语分为口语(白话)、经书语(瑶族叫鬼语)、歌谣语三种。

口语是瑶族日常交流的语言;经书语是道公、师公用于诵经、祭祀、请神用的语言,只有道公和师公会使用;歌谣语是民歌专用语言,瑶族叫"歌连语",只有歌师(作词)掌握。

二、河口瑶族的文字

（一）方块字瑶文

瑶族早期也和其他民族一样没有文字,古代主要"刻木为契",结绳记事。如宋朱辅《溪蛮丛笑》载:溪蛮"刻木为契,长短大小不等,冗其旁多至十数,各志其事,持以出验,名木契"。可能是道教传入瑶族地区后,瑶族才开始习用汉字,创造了瑶族方块瑶文(汉文瑶音)。

方块瑶文分两种类型:一类是使用汉字,字义不变(直译),用瑶语读。此类文字词汇多,主要是用于抄写宗教典籍经书、歌谣(歌连)和记录本命书(家谱)等文书,书写以古代七言、五言、四言、三言为格式。一类是借用汉字,不用汉字义,用瑶语读。此类方块瑶文用在歌谣中的白话歌和日常用语。瑶族方块文字主要是用在宗教典籍经书和歌谣中,对日常交流的白话不能完全记录。

方块瑶文由汉字和瑶族自创字组成。汉字部分基本用直译瑶语读音,占方块瑶文的80%左右;自创部分用日常用语(白话)读音。其创字方法是用汉字偏旁和部首根据瑶族要表达的语言词意而创,与汉字创字方法基本相同。

（二）拼音瑶文

拼音瑶文是20世纪80年代才创制的。1982年,根据瑶族地区发展的需要,中央民族学院语言研究所苗瑶语教研室按照国务院1957年通过的《关于少数民族文字方案设计字母的五项原则》,以广西金秀瑶族自治县长洞乡镇中村的瑶语勉话为标准音点,以勉方言为基础方言,采用拉丁字母形式设计了一套瑶族勉语文字方案(草案)。该方案有30个声母,116个韵母,8个声调,先后在广西的金秀、田林、贺县(今贺州八步区)进行教学实验,并根据实验结果,于1984年4月又进行修订。与此同时,美国等一些国家的瑶族,也在1983年以拉丁字母形式创造了一套瑶文,但与中国的瑶文略有不同。1984年4月底至5月初,美国、泰国派瑶族代表团来华与中国瑶语文工作者商讨统一瑶文字母问题,并取得一致意见,形成了《瑶文方案》(草案),统一了中外瑶文,分别在中国、美国、法国、加拿大、泰国等瑶族社区推广使用。根据这套拼音瑶文方案,结合云南瑶语门方言的实际,还创制了门方言拼音瑶文,有 30 个声母,81 个韵母,12 个声调,并在门瑶社区、学校进行推广试用。

河口瑶族拼音文字分为"勉"语文字、"门"语文字两类,即分别使用现在国内外通用的勉方言和门方言两种拼音瑶文。1985 年,河口县曾经在县委党校举办过两期瑶文培训班,州民委举办了一期培训班,云南省民语委也曾经在 1987 年举办过一期瑶文培训班,后来因种种原因未继续办。

拼音瑶文结构有三种:一种是声母＋韵母＋声调构成。如"人"字为 m ＋ an ＋ h=manh;第二种是鼻韵母＋声调构成,如"不"字为 m ＋ q=mq;第三种是韵母＋声调构成,如"安"字为 oon ＋ l=oonl。

勉方言文字实例:

Zdnn Mbdo Jemv
　传　　报　　锦

Cau slouv fangn beqc midh mdonf bidng,
　抽　手　相　别　苗　转　乡,

Jdov ndapv mdonh zinb iemn zdn dix,
　脚　踏　门　前　金　砖　砌,

Faix mbdof ngdtc fin manc zoix biang。
　细　报　玉　仙　慢　在　乡。

门方言文字实例:

Danw Munh Ndangc
　赞　　瑶　　文

Njengh gui daanw mbanh njunh xong dingw,
　呈　句　赞　文　传　众　听,

Lekr sais njiuh nqiouh mbanh wac yangd.
　历　史　潮　流　文　化　香。

Anl youz jongl guukl dangc jaanc dongl,
　恩　有　中　国　共　产　党,

Ndauz suw yiiuh mbanh funl yiiuh manh。
　创　造　瑶　文　给　瑶　民。

Noc Danl guad nqoid seil jouw eengv,
　牡　丹　花　开　四　处　景,

Yiiuh seic xetf yangh nangs xaml singl。
　瑶　字　出　阳　像　金　星。
Yiiuh suw youz mbanh dul beengh dangv,
　瑶　族　有　文　得　平　等,
Youz mbanh yamz haakr youl yuun hoh。
　有　文　不　学　休　怨　何。

第五节　河口瑶族的节日与习俗

一、河口瑶族的传统节日

瑶族的节日与汉族略同,主要有正月初一过春节,正月十五"家神节",三月初三清明节,赎谷魂,五月初五端午节,献祖宗祭谷娘,七月十五"目莲节",供献祖先,八月"新米节",选择吉日祭谷娘和祖先,吃新米饭,十月十六"盘王节"。

另外,正月初五、初六两天是雷公下地日子,村民不准下地、挖土、割草、舂米、推磨。七月二十日雷母回家做酒,八月二十日雷公回家饮酒,不得借物(借火或借钱)。

（一）正月初一过春节

春节是中华民族的共同节日,也是河口瑶族的重要节日。每到腊月下旬,家家户户都要宰杀年猪,用盐腌制数天后烘烤成腊肉。腊肉除春节期间食用外,还备为日后待客及各个节日食用。除夕那天,每户都要包大粽粑。大粽粑以糯米、肉、姜末为原料,用粽粑叶包扎为圆柱形,放入锅里煮熟食用。煮熟的粽粑可以存放几十天不会变质。除夕晚餐前要先祭祀祖先,祭品有鸡肉、猪肉、生鸡蛋、粽子、米饭和酒等。还要烧香焚纸,诵念祭词。祭词大意是请各位祖宗来吃节日饭,祈求祖宗保佑全家男女老少安康,丰衣足食,六畜兴旺等。初一凌晨天未亮,男主人做开门仪式。仪式完后杀鸡、煮猪肉和粽子供奉家神和祖先。如果本人不会祭祀,就要请祭司(师公或道公)来帮助祭献。

（二）正月十五"家神节"

正月十五"家神节"，每家都要蒸糯米糖饭包、杀鸡、炒腊肉祭献家神，请求家神保佑当年五谷丰登，全家一年无病无灾，平平安安。早上过节后如有"定歌"活动，老老少少都要穿着民族盛装参加。

（三）三月初三"清明节"，赎谷魂

三月三节是清明节。清明节是河口瑶族比较隆重的节日，节日前要准备菜肴，捕鱼、挖竹鼠、发定歌函。节日这天，染三色糯米饭，菜肴有鸡肉、腊肉、鱼、竹鼠，过去还有野猪肉、马鹿干巴等野味。饭前请祭师帮祭祖先（瑶族称老祖公），拉龙气保护坟墓，让祖先的亡灵在阴间得到龙神保护。这样做的意思是：有了龙气，祖先们过得好，也会保佑子孙兴旺发达。献祭后用三色糯米饭喂牛、喂马，意为告知牲畜节日过后春耕大忙即将开始；另有一说为：喂牛牛掉泪，喂马马发笑，意思是三月三后牛要犁田劳苦，此时却是马的休闲时间。吃过中餐后，青年男女就出门去唱歌娱乐。

（四）五月初五端午节，献祖宗祭谷娘

瑶族五月初五端午节，其过法与其他民族大同小异。节日到来时要包粽粑、杀鸡、煮腊肉、祭祖、祭谷娘、祭杀害虫、杀野草，祈求五谷丰登。

（五）七月十五"目莲节"供献祖先

瑶族称七月半为"目莲节"，也有人称中元节。其他民族过此节是以接祖送鬼为主要内容，汉族中还流传着一个"目莲救母"的佛教故事。而瑶族过此节，传说是为纪念目莲救父。七月十四日这一天，家家户户都做过节准备，即包粽粑、做五色纸衣，还有少数农户还杀猪。节日这一天，每户都要杀鸡，祭祖时要烧香、焚纸钱和纸衣，祭品有粽粑、猪肉、鸡肉、酒、饭等，其目的是给老祖公烧纸衣，让他们在阴间有衣穿。

（六）"新米节"选择吉日祭谷娘和祖先，吃新米饭

"新米节"一般都在农历八月举行，但不固定日期，视田中稻谷成熟

的时间而定,在未收割之前,择日过节。有的选亥日(即属猪日)。确定节日后,到田中选比较成熟的稻谷割一挑晒干,脱壳加工成大米煮食,故新米节又称尝新节。过新米节要杀鸡、煮腊肉等,用鸡肉、腊肉、新米饭、酒祭祀祖宗和禾谷神。

(七)十月十六"盘王节"

盘王是瑶族的祖先,过"盘王节"是瑶族对祖先的纪念和崇拜。红头瑶在度戒仪式中有一段跳盘王。盘王节原不定期,一般在秋后举行,并且各地瑶族过的时间也不尽一致。1984年,全国瑶族代表在广西南宁开会,确定每年农历十月十六日为盘王节。同年农历十月十六日,在南宁举行首次全国性瑶族盘王节,而后形成定期节日。河口曾经在1989年、1994年、2003年、2004年、2008年各举行过一次规模较大的盘王节,邀请全国各地瑶族代表参加。

二、河口瑶族的传统习俗

(一)对歌习俗

瑶族是个爱唱歌的民族,凡探亲访友、婚礼仪式、度戒仪式、生产劳动都会举行对歌活动,甚至在丧葬仪式上也唱歌送亡灵。唱歌的禁忌是:本寨人不与本寨子的人对歌,性别相同不对歌,亲属之间不对歌。主要分为以下两种形式。

1.火塘对歌

瑶族有亲戚或客人到家,如果是成人,主人必须请本寨子的人到他家对歌。男客请女士来对,女客请男士来对。对歌时间一般都是夜晚在主人家火塘边进行。双方对歌者,如果对得情投意合,可以一直对到天亮。如果意犹未尽,第二晚、第三晚再继续对。过去,瑶族的青年男女很多都是通过这种火塘对歌的形式相识、相爱,最后结婚成家的。

2.节日对歌

瑶族的节日对歌主要是在节日期间举行"定歌"活动。"定歌"是一种集体娱乐活动,时间一般在春节正月十五、清明节、目莲节。"定歌"主要有以下程序。

（1）唱见面歌

参与对歌的双方到达约定地点时,由邀请方先唱见面歌,被邀请方对答。歌词为即兴发挥,没有固定模式。见面歌唱毕正式进入对歌场面,一直唱到下午两三点才告一段落。

（2）吃对歌饭

男女双方对歌对到下午两三点时休息吃午饭。

（3）长桌宴歌海

客人被请到村里,全部集中到一户宽敞的人家就餐,晚餐摆成长桌宴。开餐前,客方先唱开宴歌,开宴歌无固定模式,多为即兴发挥。

唱毕开筵歌即可开餐,男女搭配就坐,席间边吃边唱,气氛很热烈,席中口头文学、饮食文化、礼仪文化、酒文化融为一体,主客相互敬酒、敬菜。敬时与其他民族有别,敬酒是将自己酒碗中的酒喂客人,敬菜是搛菜喂客。宴席约吃两个小时,宴后继续对歌,一夜歌声不停,对唱通宵达旦。

（4）送客礼仪

次日早晨后送客。送客有三项礼仪:一是主方送礼,按客方人数每人送一包三色糯米饭;二是退定情歌信物,发定歌函时女方交男方绣花垫肩、扁手镯、自制花腰带,男方交女方银链;三是客方唱感谢歌,主方唱送亲歌。瑶族举行"定歌"活动的节日主要有春节、元宵节、清明节、目莲节。平时如果要举行活动,也可自行约定时间,只要对方同意就行。

（二）风俗礼仪

河口境内的瑶族,与其他民族和睦相处。他们生活在平等、团结、互助友爱的大家庭里,一代又一代地进行着人生、道德、礼仪、社会伦理方面的传统教育。村中有人盖房,家家户户主动去帮忙,不计报酬。已婚夫妇很少离异,教育孩子以理服人,很少打骂。

瑶族向来热情好客,待人接物讲究礼节,平时注重礼貌,有助人为乐、尊老爱幼的风尚。有客人入屋,主人热情地抬凳让座,递米酒相敬。若来客有两人以上,主人还要请本村人来陪客,来男客女人陪,来女客男人陪,开餐时男女搭配坐席。桌席,一般都摆长桌宴。席间,边饮酒边唱歌。如果来客是瑶族,既可互相对唱又可合唱;如果来客是其他民族,可以找一个瑶族来带着客人学唱。最有趣的是,若是来男客,陪客女时而搛菜喂,时而又端米酒敬饮。男客也可以端起自己的酒敬女陪客。若是来女客,主人就会找男人来陪客,席间的待客礼节男客相同。主人只负责做菜饭,供米酒,不参与上述方式的陪客。席间有说有笑,有唱有吃,气氛热烈。

陪客的条件,不论已婚或未婚,但讲究人才,并且会唱歌。这样,吃一餐饭约2—4小时。如是吃晚餐,散席后还要继续对歌。客人返程时,还要送客人一程,并边走边唱送客歌。使客人留恋不已,下次还想再来。

在瑶族民间,人们相遇要互相打招呼、问候。在路上遇见行人,年轻人主动让老人,男人要让妇女和小孩。即使素不相识,路上相遇也要主动退让一侧,让对方先行。在山间小道行走,遇长者要让路,骑马路遇行人要下马,牵马让路慢行。过去,非礼之事不为,非我之物不取,夜不闭户,路不拾遗,有难相帮。红头瑶民间流传的《破理书》实际就是一种礼仪词。

> 天下文章破理明,传遍世间众聆謦。
> 皇帝坐殿管天下,道理传给本朝人。
> 事不到头问君子,字不到头问先生。
> 不懂家史问父母,不会做人问贤人。
> 不知春日听春鸟,不知子丑听鸡鸣。
> 星多不比月,臣多不比君。
> 鸟多不比凤,鱼多不比龙。
> 宝多不比米,财多不比衣。
> 亲多不比父,娇多不比妻。
> 君子谋道,小人谋财。
> 闲人谋睡,懒人谋闲。
> 聪明,人睡心不睡。勤劳,人闲心不闲。
> 有理莫骂父,有钱莫欺人。
> 有功莫骄傲,有文莫骂师。
> 有钱莫使尽,有福莫享尽。
> 有事莫当尽,有话莫说尽。
> 使尽无本利不起,享尽清福遭赤贫。
> 当尽无理事落你,说尽又变无理人。
> 富贵莫嫌米,田肥莫嫌屎。
> 人亲才不清,财帛要分明。

男人不露财,女人不露体。

奸情只为露体女,盗贼只为露财人。

人有错失,马有漏蹄。

人不错为仙,马不错为龙。

见人财物不用偷,勤苦劳动自有禄。

有理不用蛮语,无理要做悔心人。

闲话莫乱讲,有理莫乱狂。

相争莫动手,蛮话莫出口。

动手打人有错理,闲话说人有错语。

子能不可欺父,臣能不可欺君。

妻巧不可欺夫,弟乖不可欺兄。

儿欺父母天地黑,臣欺君王反乱朝。

弟乖欺兄非好汉,巧妻欺夫不到头。

有理告得状,无理莫闹城。

好儿不骂母,好夫不虐妻。

假事莫害人,真事莫容情。

朝朝有雨是热瘴,日日不语是愁人。

（三）教育习俗

1. 家教

家教就是父母对子女的教育。瑶族家庭中,父母十分重视家庭教育。一般而言,父亲偏重儿子的教育,母亲偏重女儿的教育,形成自然分工。父亲对儿子的教育主要是:教育儿子讲礼貌,乐于助人;客人入屋要笑脸相迎;吃饭要让长辈坐上席,要给长辈盛饭;在路上遇老人要让行,骑马遇人要下马等。母亲对女儿的教育主要是:教育女儿生活中不讲蛮语,要勤劳;教女儿学会纺线织布、缝衣绣花、栽秧种谷、调理家务。

2. 婚教

瑶族在结婚的当天晚上要举行婚教,以媒人唱歌给新娘新郎听的形式,对新娘新郎进行婚前教育。以下为红头瑶的一首新娘新郎婚教歌。

一双黄鸟过南岭,留作凤凰开路飞。
白纸合卷造经书,传遍瑶寨万人明。
男女成婚有情书,男婚女嫁配成亲。
先有父母育儿女,后有小辈敬老人。
我说此话古传下,传给新人共齐听。
鸳鸯有缘来相会,夫妻相配一生人。
有甜有苦共同享,合心合意一世人。
错事错语要相让,不得拆散各自奔。
别人闲话休入耳,听人闲话坏人心。
生男生女不由己,男女都是有用人。
两边父母都孝敬,规矩是从古代兴。
春到鸟鸣要早起,人贫家薄要发奋。
农忙时节人休惰,四季吃穿不愁人。

3. 戒教

　　受戒是瑶族男子的入教仪式,不受戒的男子在社会上不仅会被人看不起,而且还会受到姑娘们的耻笑。同时,男子不受戒就没有自己的师父,也就不懂一切宗教礼仪。受戒是瑶族对青少年的一种教育方式。例如在受戒时,师父在写给受戒者收藏的阳牒中,有尊老爱幼、不得贪财害命、要帮贫济困、不贪生怕死等内容。所以,过去在瑶族地区,人们之间都是非我之物不取,夜不闭户,路不拾遗,有难相帮,形成了良好的社会风气。

第三章　河口瑶族的度戒文化

第一节　河口瑶族的度戒仪式

一、云南河口瑶族文化的核心

　　云南瑶族的主体几乎是在明清时期从广东广西迁徙而来,在迁徙的过程中,这些苦难的人们把祖辈留下的道教信仰文化遗产,撒在了云南这片红色的土地上。不管瑶族迁徙到哪里,其道教的思想和意识就被人们带到哪里。云南瑶传道教是瑶族文化的核心。

　　瑶传道教对瑶族社会生产、生活的方方面面,影响范围宽广,渗透于瑶族文化的精神深处。正如卿希泰教授在《道教史》中说的那样,道教在少数民族中广泛流传并一直存在的原因有二:一是道教是一个多神崇拜的宗教,而我国许多少数民族的信仰内容也是多元的;二是道教能够平等对待各少数民族。[①]

　　道教对中国许多少数民族都产生了一定的影响,但影响的程度并不一致,其中对有些民族影响较深,如瑶、壮、仫佬、土家等;对有的民族的影响则是有限的,如彝、纳西、怒、水等。由于瑶族及其先民自蚩尤时代的九黎集团开始,就一直是华南以及偏西南方众多少数民族中最靠北的一个民族,位于南方少数民族的最前沿,因此,对于以汉文化为主的道教来说,瑶族在地缘上有较大的优势。数千年来瑶族一直与汉族及汉族文化有着密切的联系。在此过程中,瑶族筛选出与自己具有共通性的汉文化成分,然后对其进行民族化的改造工作,最终使这些外来的汉族道

---

①　卿希泰,唐大潮.道教史[M].北京:中国社会科学出版社,1994:432—433.

教文化融入瑶族社会的文化系统中,成为其中的有机组成部分。

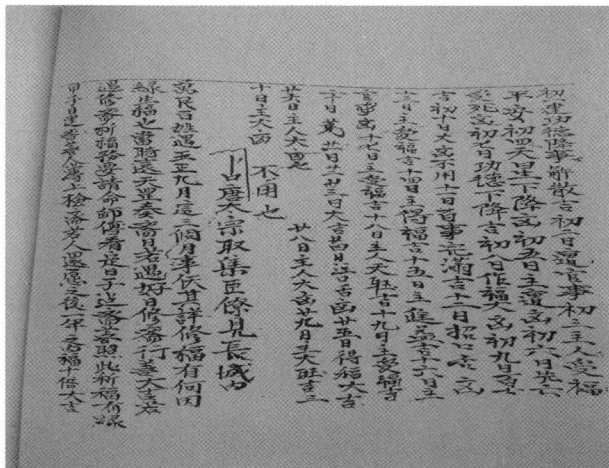

图 3-1　保留在河口瑶山乡蓝靛瑶中的瑶族经书《拾量书》,证明河口蓝靛瑶传统文化渊源与唐王朝的关系。其时唐朝政府开发以梅山为中心的洞庭湖流域,据此可以看出河口瑶族与湖南梅山文化之间的联系

　　我们云南瑶族,几乎都是在明末清初从两广迁徙而来,从族源来看,就具有两广瑶族传统文化的背景。比如,我们瑶家在举行度戒、祭龙、扫寨、葬礼等重大宗教祭祀仪式时,都必须要请道教众位神灵到场镇坛。甚至在葬礼中,可以不请家先,但一定要请道教的众位神灵。不仅如此,在瑶家所有的仪式活动几乎都与道教神灵有关,一个人从出生的"喃三朝(婴儿诞生礼)"到人生最后的一个仪式——葬礼,都或多或少地与道教神灵联系在一起。

访谈对象:邓国群,河口县河口镇非物质文化遗产保护中心主任
时间:2015 年 12 月 21 日
地点:云南省红河州河口县河口镇非物质文化遗产保护中心

　　在云南省红河州河口县的瑶族集居区,至今还存留有道教经书。这些经书都是通过瑶传道教的师公或道公之手转抄而来的。从瑶传道教文化的传承谱系看,其最主要的传承模式就是父子传承;其次是师徒传承。这两种传承模式所传承的,主要是带宗教性质的瑶传道教文化。

　　在这两种传承模式中,无论是父子传承还是师徒传承,被传承者都

必须具备以下三个条件。

第一，必须是度过戒或挂过灯的瑶族青年。

第二，必须聪明（不能是低智商的人）。

第三，勤奋。但凡是偷懒的人是不能够继承瑶传道教的衣钵的。

被传承者必须获得父亲或师父的公开认可和同意，并有独立完成做法事的能力和经验才能够在当地做大师父。

二、河口瑶族的度戒

度戒仪式，是瑶族道教的传度仪式（师公赵金仔语）。度戒和挂灯是绝大多数瑶族成年男子一生中必经的宗教仪式。

我们河口的瑶族，不管是红头瑶的挂灯还是蓝靛瑶的度戒，从宗教来说，都是入教仪式。其中，我们蓝靛瑶的度戒仪式必须在婚前举行，还具有男子成年礼的意思。只有通过了度戒，才享有成年人的资格参与到瑶族的各种社会事务中，要不然，连找对象都困难。

访谈对象：邓国群，河口县河口镇非物质文化遗产保护中心主任
时间：2014 年 12 月 18 日
地点：河口县河口镇非物质文化遗产保护中心

接下来笔者试图从宗教和社会学两个角度对度戒进行一些初步的描述和表达。度戒从宗教的角度来讲，是每个瑶族适龄未婚的青年男子必经的入教仪式。从度戒的分类来讲，度戒分有"度师"与"度道"两种。度师的从投坛开始就要为掉度戒台作准备，要从一个高台上跳下，民间俗称"武度"；而度道则在室内以剪发受戒为特点，几乎不用度戒者做任何动作，民间俗称"文度"。度师者，祭满 7—21 天后可以宰杀牲禽；度道者则终身不可杀生。

从度戒的社会学角度看，凡通过度戒的适龄的未婚青年男子，都有资格以成年人的身份参与该族群所有的社会活动，可以有资格与异性姑娘交往，谈婚论嫁，娶妻生子，成家立业等。此外，凡度戒的青年男子，都有机会跟随自己的师父或父亲学习瑶传道教的传统文化，成为当地的大师父，从而在当地享有很高的社会威望和社会地位。

　　蓝靛瑶的度戒和过山瑶的挂灯其实质是一样的。过山瑶的挂灯仪式中,有挂三台灯、挂七星灯、挂大罗十二盏灯和度师四个等级。蓝靛瑶的度戒分为度师和度道两种,度师的级别从低到高分别为日午度戒、土府度戒、红楼度戒和玉京度戒四个等级;度道的等级依次为安龙度戒、清灯度戒、金楼度戒、明真度戒四个等级。不管是过山瑶还是蓝靛瑶,从心理上和家庭的经济承受能力上都会尽可能地做到更高一个级别。

　　度师的要在室外掉五台,也称为掉云台。弟子在师父指导下从五台上掉下来,掉到网里手脚不分开视为度戒成功,手脚分开便是度戒失败,不得再度。度道在室内神坛前举行,包括剪发、转身等仪式。在剪发和转身的过程中弟子未出现异常情况的视为度道成功,如出现异常便为失败(具体由师父判定)。

　　关于室外的度戒台,由于笔者在田野工作过程中所得到的数据几乎就没有相同的一次,所以度戒台到底多高为标准,尚不清楚。就笔者所看到的各种论文材料里有五米左右,有一丈余,有二米高的台子等不同的描述[1]。例如,徐祖祥教授在其博士学位论文中对度戒巫台的描述是:约二米高的台子,所谓五台,或称五台山。[2] 瑶学研究的学者车绍华先生在其论文《河口瑶族度戒舞蹈调查》一文中所列的度戒巫台(五台)的台高五米左右。[3] 瑶学研究的学者丁超的论文《论瑶族宗教舞蹈的武舞和文舞》一文中所列的度戒台高度约一丈左右高。[4]

　　笔者参与的三次度戒仪式中,有两次已经与以往发生较大变化,只有一次在一个更传统的村寨(云南省红河州河口县瑶山乡牛塘村委会牛塘村)举行的度戒,实地测量后,其度戒台高 1.84 米。就笔者通过田野调查分析,造成这种差别的原因可能是多方面的。

　　　我们河口蓝靛瑶的度师过程中,其室外度戒台的高度是由师公来决定的。师公是根据什么标准来决定? 是根据师公本人做过多少次度戒来决定的。一般师公第一次做度戒,其固定的标准是该师公用右手十二个大拃(手掌充分伸开,拇指到小

① 邓桦.云南文山蓝靛瑶"度戒"仪式教育过程的研究 [D].博士学位论文,2011:86.
② 徐祖祥.瑶传道教及其与云南瑶族关系研究 [D].博士学位论文,2002:57.
③ 车绍华.河口瑶族度戒舞蹈调查 [J].民族艺术研究,1993(1):43.
④ 丁超.论瑶族宗教舞蹈的武舞和文舞 [J].民族艺术研究,1993(1):47.

指之间的距离为一大拃），还要加上十二小拃（手掌充分伸开，拇指到食指之间的距离为一小拃），几乎就是五米的高度了。师公根据多年来他所主持的度戒情况适当地降低高度。于是各种论文中所出现的五米左右、四米左右、一丈余、两米高的台子等。另外一种情况就是，由于主持度戒师父手掌的生理差异。不同的师公其手掌的大小存在着一些差异，也是造成在不同的度戒过程中，五台的高度出现不一样的结果。但不管怎么说，按照十二地支之数，根据主持师父的手掌大小来决定是毋庸置疑的。具体高度就是主持师父十二个大拃，再加上十二个小拃。主持的次数多了，每一个大拃和每一个小拃师父可以自由把握，也是造成度戒五台高度不一样的原因。

访谈对象：李佩恒，师公，54 岁，河口县瑶山乡牛塘村委会牛塘村人
时间：2016 年 2 月 27 日
地点：云南省红河州河口县瑶山乡牛塘村委会牛塘村
在度戒的过程中，主持度戒的师父也会对徒弟进行教导。
例如，过山瑶（在河口也被称为红头瑶）度戒引教师对引教师男（徒弟）所诵念的引教词：

> 正好教正好教，正当好教我师男。
> 一教师男来唱世，二教师男便行罡。
> 三教师男反复退，翻手复去便行罡。
> 正好教正好教，当坛好教我师男。
> 一教师男执罡决，二教师男接香门。
> 三教师男真教典，十身投入过梅山。
> 投入门山门下去，低头唱世拜祖师。
> 一拜祖师来学法，二拜本师教师男。
> 三教老君真教典，低头礼拜旧根源。
> 又叫祖师随左右，又叫本师在眼前。
> 又叫老君真教典，手中接印是真人。

"行罡"指走正道，莫行邪道，要继承供佛祭神。这是老君的教典，接过老君印就是真人。老君，指道教的创始人张道陵。

又如,《挂灯书》:

师男存师男存,有人相请莫推时。
临时请你临时去,急时请你及时行。
九冬十月落霜雪,口中莫说天气冷。
敕(救)得凡人有功德,莫说世间功德浅。
有钱来请你也去,无钱来请你也行。
打发铜钱我也使,打发碎银你也收。
三三两两为功德,心中莫繁(烦)主家人。
师男存师男存,你要行正莫行邪。
你若行邪不听教,四方天上败名声。
你若饮酒莫贪酒,良筵有味莫贪杯。①

文中所说的师男就是徒弟,师男存即将师傅说的话铭记在心,要求徒弟今后要行善做好事,只要有人来求、来请,不能找借口推辞,十冬腊月落霜降雪时有人来请都不能怕冷不去。有钱人来请要去,穷人来请也要去,不论钱多钱少都要去。人生要以行善为主,要走正道,不要走邪道。

第二节　河口瑶族度戒的内容和时间

一、度戒仪式的内容

瑶族文化认为,对于适龄男性青年,只有通过度戒,获得成年人资格和法名后,在死后其灵魂才可以被超度,才能够完成其从人到鬼魂,再由鬼魂到家先(善鬼,本家族守护神)的轮回,才能够享受后世子孙的世代供奉。

本节中,主要对过山瑶和蓝靛瑶的度戒仪式作一简要概述。

通过笔者长期在河口瑶族聚居区的田野资料可知,过山瑶的挂三台灯在过去(至少在新中国成立以前)曾经有成年礼的意义。在过去,只

---

① 第四行的"敕"以及第七行"繁",根据笔者与当地师公就该经文的交流看,应该分别为"救"与"烦"较为妥当。

要年满12岁的过山瑶适龄未婚青年男子,就要举行挂三台灯仪式,并严格遵循"全、半、败"三字一轮与年龄相应的规律。过山瑶男子取得交异性朋友和参加各种社会活动资格的唯一途径就是度戒。当时过山瑶的女子不用挂三台灯,但婚后要与丈夫一起挂七星灯。未满12岁的儿童称为"花",表示未成年,男孩称为白花,女子则称为红花。

过山瑶的挂灯仪式,现有挂三台灯、挂七星灯、挂大罗十二盏灯和度师四个等级。在过山瑶聚居区的族群中,要成为大师公,在做过"度师"之后,还要继续做"加职"这最高一级。这样才有资格帮同族的人们做"挂大罗十二盏灯"及"度师"这两个级别的挂灯仪式。

与如今已丧失成年礼意义的过山瑶挂灯仪式相比,蓝靛瑶保存了较为完整的度戒传统仪式。尽管蓝靛瑶中道教科仪已基本取代了原成年礼的仪式,但成年礼的意义依然在度戒过程中有所体现。具体表现在以下三个方面。

第一,度戒必须在结婚前举行。多数蓝靛瑶适龄青年男子会在11岁至23岁间举行度戒仪式,一般认为26岁是蓝靛瑶举行度戒仪式的最后年限,如果错过以后就都没有机会举行度戒了。

第二,度戒后,其民族传统服装必须要改变。蓝靛瑶男子度戒后,多数地区的男子民族传统服饰都会发生明显的改变。这也是目前蓝靛瑶成年礼在其服装变化上的标志。

第三,该男子只有在举行度戒仪式之后,才能在瑶族聚居区的瑶族社会中取得了交异性朋友的资格,才能谈婚论嫁,娶妻成家,才能取得参加各种成年人才能参加的社会活动。

挂灯的意义,书中这样说:

挂灯的诵词:

一盏明灯,梅山顶上放毫光。

二盏明灯,照破身中白(百,此处应该是抄写瑶族经书时的笔误)鬼精。

三盏明灯,三清兵马灯。

四盏明灯,文曲星。

五盏明灯,照破三台六害神。

六盏明灯武曲星。

七盏明灯破群星。师男舍身来学法,救得众人个个兴。

　　瑶族人认为,只要活着的时候能够积德行善,并完全按照度戒仪式过程中师父所授予的"十戒"和"十问"的戒律和规则来迫使自己去履行自己的承诺,死后就可以复生,实现生死轮回;生前受祖先和道教众神灵的荫护,死后到天庭里做仙官;若不度戒,死后只能变成野鬼不能去阳州(鬼信仰中的冥府)与祖先一起居住。

　　再者,我们从蓝靛瑶的婚姻形式来看,蓝靛瑶的姑娘不参加度戒,只要她们的丈夫度过戒,她死后就可以与丈夫一起可以获得灵名,进入家先名单,从此享受后世子孙的世代供奉。作为一个瑶族青年男子,如果没有参加过度戒仪式,那么,个人问题就很难解决了。这就是在河口县瑶族社会中,度戒仪式本身宗教性得以延续和传播的社会根源。

　　　　我们蓝靛瑶度戒,祖祖辈辈都这么做。度过戒的人有阴兵护体,一辈子平平安安,出门做事顺风顺水,坐家五谷丰登,六畜兴旺,人畜平安。主要是,只有通过度戒,获得戒名,死后才能够到天堂与本家的家先们一起,享受后世子孙的世代供奉。

　　访谈对象:邓开祥,男,63 岁,道公
　　时间:2015 年 2 月 16 日,星期一
　　地点:云南省红河州河口县瑶山乡水槽村委会上水槽村

二、度戒仪式的时间

（一）度戒仪式过程所需要的时间

　　关于度戒所需要的时间也存有争议,在这里,主要对度戒时间的几种观点作一阐述。中央民族大学龚易男在其论文《蓝山瑶族度戒仪式音乐研究》中,对于湖南蓝山县蓝靛瑶度戒的时间是这么说的:"湖南省新化蓝山县蓝靛瑶历史上正规的瑶族度戒仪式一般要持续 17—21 天。"

　　西南大学邓桦在《云南文山蓝靛瑶"度戒"仪式教育过程的研究》一文中,对于云南省文山州富宁县蓝靛瑶度戒的时间是这么说的:"蓝靛瑶的'度戒'仪式,通常要持续 10 天左右……"

河口县瑶山乡蓝靛瑶举行的度戒只做一天一夜,花费少,程序也少得多,师公和道公只诵念主要的经书,且前来祝贺的乡邻也不多。

我们瑶山的蓝靛瑶度戒,一般都要杀猪,条件好的家庭度戒时会杀三头猪,一般都会杀两头猪,条件差一些的也会杀一头猪。像我们家这种情况的,给娃娃度戒连猪都杀不起的情况很少见。

幸亏斜对门邻居盘正元家的姑爷是一位师父,我们托请人家,给娃娃度戒的问题才解决。

2016 年春节后,老盘家姑爷给娃娃算了个日子。到了那一天,他就过来帮娃娃杀了只鸡,念了几本经,给娃娃起了个法名。

就这样,我们家娃娃也算是度过戒了。从此,他也就会有阴兵护体了,会有神灵保佑他了,在他死后也能够升入天堂与家先们一起共享后世子孙的世代供奉了。我们发自内心的感谢盘正元家姑爷,包括他们一家人。

访谈对象:盘永清
时间:2016 年 1 月 6 日
地点:云南省红河州河口县瑶山乡水槽村委会上水槽村

(二)度戒最佳年龄

四川大学徐祖祥博士在其《瑶传道教及其与云南瑶族关系研究》一文中,两次提到蓝靛瑶度戒的最佳年龄是 12—23 岁,最迟不超过 26 岁,26 岁过后几乎就一辈子都没有再度戒的可能了。

西南大学邓桦在其《云南文山蓝靛瑶"度戒"仪式教育过程的研究》一文中写道:"男性 11—30 间……" [1]

笔者通过多次到河口县瑶山乡做田野调查,从当地记载的一部瑶族经书《拾量书》中也找到了瑶族度戒最佳年龄的记载,如图 3-2 所示。

该书提供的成文历史资料与田野调查所发现的度戒实际情况完全

---

① 邓桦. 云南文山蓝靛瑶"度戒"仪式教育过程的研究 [D]. 西南大学博士学位论文,2011: 53.

吻合,证明关于度戒日期的选定显然是受到道教传度需选择吉日的影响。在河口蓝靛瑶聚居的很多地方,度戒年龄都不超过26岁。度戒一般都选择在腊月或正月农闲时节举行,这个时候是秋收冬藏的时节,是一个家庭物资储备及经济条件最宽裕的时候。凡举行度戒仪式的人家,提前一两年就要准备饲养在度戒仪式中作为祭品的猪(至少一头,有的人家会饲养两三头猪作为度戒时的祭品)。

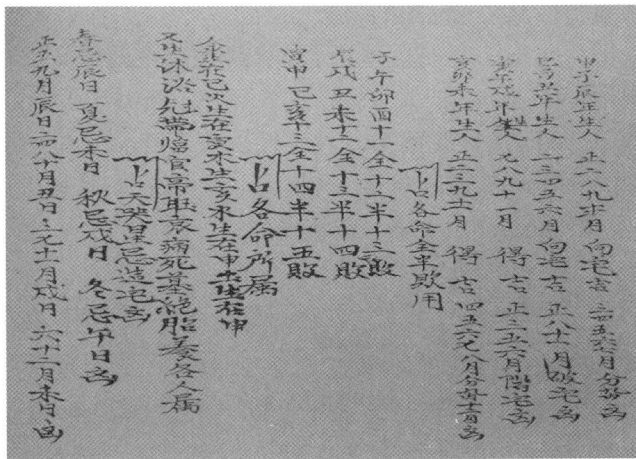

图3-2　瑶族经书《拾量书》上所载的瑶族度戒的"全、半、败"观念的文献记载

度戒时还有许多讲究。比如,主人和度戒者的命相是属金,那么,度戒那一天的日子就忌讳选在火命的那一天,因为在五行学说里,金怕火来烧;同时,也不能选择木属性的日子,因为金克木,所以木命也是忌讳的。最好可以选择水属性的日子。因为,金生水,所以这样的日子就是最好的度戒吉日。

以前,蓝靛瑶男子于16岁以后才度戒,这主要是因为按照"全、半、败"三字一轮与年龄相应的规律。14、15、20、21岁对于度戒仪式而言,在瑶族传统文化体系中,被人们认为是犯冲的年份,亦是"鬼道""畜道"的年份。所以,在河口县瑶族集居区,不论哪一家的男孩子,只要是处于14、15、20、21岁,就不能为其举行度戒仪式。

蓝靛瑶度戒时必须用"全、半、败"三字一轮与年龄相应,年龄在全、半即可举行度戒,逢败年忌度。其中,全岁"度戒"最吉利。除了度戒以外,只要是年逢"全、半"还可以结婚、盖房子等。如果13岁不举行度戒仪式,就形成新一轮的16岁全,17岁半全,18岁败。依此推断,瑶族男子必须在结婚之前举行度戒。

蓝靛瑶的女子不度戒,所以没有戒名。只要是她的丈夫度过戒,那么她死后就可以获得灵名。这也是蓝靛瑶女子不愿意嫁给没有度过戒的蓝靛瑶男子的根本原因。

在蓝靛瑶中,由于度戒非常消耗钱财,很多家庭因此往往陷入贫困,所以有的人家会把自己家的男孩嫁到女方家去,以缓解经济压力。这种婚姻现象一直持续到 21 世纪的今天。

适龄未婚青年男子举行度戒后,才能够有资格做师父帮村寨里的人们举行驱鬼、撵鬼、捉邪、祈福、念咒、走阴等民间宗教仪式活动;才能受到族人的尊重,从而在村寨中具备较高的威望和社会地位。虽然蓝靛瑶的女子不度戒,但她们有吉利年、吉利日。故而瑶族民歌中这样唱到:儿子修心戒一次,女子修心守利日。

(三)师公和道公赐的法名规律

在云南省红河流域蓝靛瑶族群中,只有经过度戒且度戒成功的男性青年才有戒名。戒名至少有以下两种功能。

第一,戒名度戒的蓝靛瑶青年正式入道教后所获得的称号,专业称谓叫做"法名"或"戒名"。"法名"是蓝靛瑶青年度戒过程中在自己师父的指导下,静修研习道法后,众位师父授予的道教法号;"戒名"是蓝靛瑶男青年在成功通过度戒仪式中所有考验后,众位师父授予阴阳牒,赐之以"十戒""十问"而得到的称号。

第二,"法名"或"戒名"是瑶族人死后灵魂获取通往"神仙界"与自己本家族家先们相认的"通行证"的"灵名"。笔者在河口县瑶山乡水槽村委会上水槽村做田野调查时,根据该村的师公和道公的说法,河口瑶族自治县的蓝靛瑶在度戒过后,其"法名"或"戒名"获取的基本规则是:度师者所用辈行字一般为"院—应—显—法—圣(胜)",度道者所用为"妙—经—玄—道—云"。

这些地区差异性的形成原因是多方面的,笔者认为主要的原因还是在迁徙的过程中,随着该族群迁徙而来的第一批师公和道公们,他们平常在度戒仪式过程中,"法名"或"戒名"在授予过程中所沿袭的习惯和传统。因为在该族群迁徙的过程中,迁徙的路线不尽相同,迁徙的具体时间也不尽相同,所以他们所遭遇到的人和事不尽相同,从而造成他们会持有各自地方风格的民间宗教祭祀仪式的模式和习惯。局外人都称之为他们独有的特色,但这样的特色对于他们来说,却是习以为常的社会现象。

第三节 河口瑶族度戒的对象和戒律

一、度戒仪式的对象

度戒和挂灯仪式是蓝靛瑶、过山瑶等盘瑶支系瑶传道教的一种入教仪式。从姓氏来看,其姓为盘,自认为与盘王的关系最近;从人口和居住的分布情况来看又是瑶族的主体族群,所以凡信仰盘王的支系也被称之为盘瑶。这个仪式虽然在以前还有成年礼的功能,但现在这一个功能已逐渐弱化,而得到强化的是其宗教的入教功能。从主持仪式的众多师公道公以及他们的弟子们,受戒者父母所请的融合了佛教、道教以及儒家圣贤的众位神灵,以及在整个仪式的实施过程中所念诵、吟诵、唱诵的经书,所施行的具体程序来看,都说明了该仪式为瑶传道教的入教仪式。

图 3-3 笔者在观看鼓师的"左师右道"技法

在瑶族聚居区的村寨里,当男孩子还不到 10 岁的时候,拟度戒者的父母就会去和村寨里有威望的人（起到一个初步联系人的作用）表明，准备为其孩子做度戒仪式。当这个有威望的人把这个度戒的事去说给一个师公或道公后，以一般的传统习惯，要度师的去和师公说，要度道的去和道公说，并由其在整个度戒过程中担任主持仪式的大师父（证戒师父）。

过些日子，拟为孩子举行度戒仪式的父母就带着"盐信"（用竹叶包一撮盐，是瑶族请师父的礼仪）去主醮师（也叫做大师父，宗教体系中专称叫做证戒师父，可以是师公或道公）家里请他主持度戒仪式。

在这里，笔者从不同省市对师公和道公这一专用称谓的不同称呼作一个简单的说明：在瑶族聚居区，由于其居住地分散，所以造成不同的省市和地区对这一名称的叫法也不一样。例如，在湖南省蓝山县一般都把师公和道公统一叫做"法师"或"大法师"；在广西一般都叫成"师翁"和"道翁"；在云南叫做"师公"和"道公"；其他地方也有叫做师父的。

图3-4　度师时，由9个人拉着度戒网，符合师派三元神的体系

在我们河口的蓝靛瑶度师戒时，到最近这些年，就我们莲花滩乡还在坚持在外面掉巫台的传统，其他地方很多人在做度戒时，都把掉巫台改在家里来进行了。这样一来，度戒藤网也就用不上了，以至于外面的人对我们瑶族度戒藤网乱猜。我们

蓝靛瑶度师戒时属于师派,而师派的最高神就是三元神。为了让三元神把法力赐给度戒藤网,我们蓝靛瑶的做法就是每一张度戒藤网都必须要请三位师公来一起做。每一个师公做三根绳,三个师公刚好做九根绳,度戒时由众位师父的九个弟子,每个弟子拉一根绳,在藤网上铺上棉被、毯子以及棉絮、褥子等物,用力拉稳,时辰一到,就可以进行掉巫台了。

访谈对象:李恒春
时间:2016 年 2 月 27 日
地点:云南省红河州河口县瑶山乡牛塘村委会牛塘村李恒春家

由于瑶族历史上长期处于迁徙过程中,所以即便是同一个支系,其居住地域也很分散。这就造成了连"盐信"的形式和内容都发生了地区性的变化。在河口县蓝靛瑶村寨,"盐信"有的用竹叶包,有的用草纸包,并且里面所包的东西从"盐"变成了"烟",是水烟筒用的烟丝,有的还会包一包红糖。

在不同的瑶族聚居区,从父母带着"盐信"去请证戒师父开始,到度戒仪式按日子正常举行,这期间还有一段时间,在河口瑶族自治县,一般都会有一年多,有的差不多近两年。如果该证戒师父没有收下准备度戒的孩子父母的"盐信",就表示不愿意去做这个度戒仪式。

在瑶族村寨,不管是什么事情,只要是符合情理的,一般都不会被拒绝。过些日子,该大师父会选一个吉日到要准备度戒的那一家,在他们家的神龛前焚香叩拜,并诵经祈祷,主要目的就是向道教的众神灵和家先们汇报,要准备给该主人家的孩子度戒,祈求众位神灵和本家族的众家先赐一个吉日。

吉日还是要根据拟度戒的孩子的生辰八字以及与他所对应的天干地支,综合而得出该孩子在某年某月某日某时度戒。接下来,该主人家就要为度戒仪式准备祭品——开始饲养猪(因为在瑶族经居的高海拔山区,猪的饲养时间较长,所以提前一两年就要开始饲养),以保证到度戒的时候,这些猪能够作为祭品而供奉在神龛以及祭祀的地方。

在决定度戒之后,要请若干名师公或道公为主持仪式的师父。被举行度戒仪式的主家邀请的大师父叫证戒师父。师父带有若干名聪明而又勤奋的徒弟。在度戒仪式的实施过程中,他们各司其职。笔者在这里补充一点,由于过山瑶的挂灯仪式已没有成年礼的象征意义,所以,很多过山瑶的挂灯仪式都是夫妻双方一起共同举行仪式,且很多都是生了孩子后才举行挂灯仪式的。

因为过山瑶群众认为,生了孩子以后家庭就更稳定了,故而很多过山瑶在举行挂灯仪式时,早已经过了其成年礼的象征性阶段。现在在云南境内,只有蓝靛瑶的度戒还具有成年礼的象征性作用,因为在蓝靛瑶族群里,只有经过度戒的人才具有成年人的资格,才能够进入谈婚论嫁的阶段。现在其挂灯仪式强调的还是道教的一个宗教入教仪式,并且在当地的文化传统里具有唯一性。

从参与度戒仪式的众多因素看,主持仪式的众多师公道公以及他们的弟子们,作为沟通受戒者与众位师父的受戒者父母,所请的融合了佛教、道教以及儒家圣贤的众位神灵,以及在整个仪式的实施过程中所念诵、吟诵、唱诵的经书,各种法器,经腔吟诵,度戒的乐舞等共同建构了一个瑶族民族文化的展示平台。

蓝靛瑶的每一个男孩都是通过"度戒"仪式进入道教之门的。蓝靛瑶的"度戒"是道教的入教仪式,是瑶族11—26岁的未婚男子进行的"修斋过法"仪式的称呼。从民族根源的性质出发,是否经过度戒,其父母的瑶族身份是不容置疑的,而其后代也必定为瑶族后人。对信仰道教的瑶族人民来说,由于全面信仰道教,信仰道教的形式又与是否入教这一象征性仪式有直接的联系。

在信仰盘王的瑶族各支系中,特别是在蓝靛瑶中,未婚的瑶族青年男子,如果未经过度戒,那么在该族群就没有被承认的资格,也不被认为是瑶人,更不可能被看成是盘王子孙。蓝靛瑶的"度戒"仪式并没有因为成年礼象征性功能的弱化而消失,反而一如既往地按照祖辈传下来的惯例一代代传承着。

下面笔者将继续分析度戒仪式过程中各个参与对象。

(1)度戒和挂灯仪式过程中主持仪式的众师公道公以及他们的弟子们

举行度戒的主家邀请的大师父叫做证戒师父,二师父叫做引教师父,三师父叫做保荐师父,另有同坛师父若干名。还有在整个仪式过程中作为助手的弟子们。师公道公在选择弟子时的标准是,第一必须是本师公或道公亲自度戒的瑶族子弟;第二,必须是聪明慧敏且面容形象较好者;第三,必须是对瑶传道教所有的宗教祭祀传统文化勤奋好学的。

（2）度戒和挂灯仪式过程中作为沟通受戒者与众位师父的受戒者父母

在云南省境内,不论是蓝靛瑶还是过山瑶,不管拟举行度戒和挂灯的瑶族青年年龄有多大(过山瑶挂灯时已结婚,甚至已经有孩子了,因为过山瑶是在婚后才举行挂灯仪式的),他本人是没有资格越过父母直接向村寨里的师公和道公提出打算准备度戒和挂灯的。而父母在这个过程中,就起到了沟通联系受戒者与众位师父之间的使者作用。

在我们河口,各个乡镇瑶族民间所保留的度戒经书虽然有很多,但实际上,师公和道公在度戒仪式实施的过程中,所念诵的经书多少是根据度戒主家举行度戒仪式级别的高低来决定的。河口蓝靛瑶度师的级别从低到高分别为日午度戒、土府度戒、红楼度戒和玉京度戒四个等级。度道的等级依次又分为安龙度戒、清灯度戒、金楼度戒、明真度戒四个等级。由于经济的原因,长期以来瑶山乡一带的度师均只做日午度戒,度道的均只做安龙度戒,其他等级的度戒仪式早已无人做。所以,众位师公和道公没有那么多的时间把所有经书都念诵一遍。

访谈对象:邓国群
时间:2015年1月8日
地点:云南省红河州河口县老范寨乡茶坪村

（3）度戒和挂灯仪式过程中的各种乐器法器以及其他器物。

在度戒仪式或过山瑶的挂灯仪式过程中所使用到的法器有锣、钹、镲、扁鼓、法铃、笤、经书、香、彩带、罗帛(罗白)、雨伞、洞典、刀、剑、弓箭、簸箕、神桥等。

（4）度戒和挂灯仪式过程中的各种祭品

在度戒和挂灯仪式实施的过程中,主人家为了尽可能地让道教众神灵以及众家先甚至各种孤魂野鬼满意,会在神龛旁的供桌上摆放各种祭品。祭品有猪头、猪肉(熟的)、猪的内脏(熟的)、煮熟的鸡(去掉内脏,完整的鸡,摆两排,每一排五只,鸡脚不能砍掉)、煮熟的鸡的内脏(同样是摆两排,每一排摆五份鸡的内脏)、各种水果、糖果、瑶族特色的糍粑等。

我们的锣鼓是整给众位神仙和众位家先听，我们的歌舞也是表演给神仙们的。我们献酒，献祭猪、鸡等牺牲以及各种吃的。我们烧香叩拜，以及所有的歌舞都要以最虔诚的心去对待。我们在舞蹈时，之所以经常要变换道具，就是为了能够更好地让神仙们满意，来为我们的事镇坛，保佑我们的事能够顺利地做完。

我们在舞蹈时，锣鼓的鼓点有时与舞蹈是不用合在一起的，恰恰在此时，我们要用自我特有的感受，表达给天上的神灵们。归根结底，就是要让道教的众位神仙神灵高兴。神仙神灵们高兴了，我们的事就顺了，我们的日子就好过了。

访谈对象：邓绍友

时间：2015 年 2 月 25 日

地点：云南省红河州河口县瑶山乡水槽村委会上水槽村

（5）度戒的乐舞

度戒的乐舞主要有师公和道公唱的祭祀歌，以及从神书音等而来的宗教祭祀的音调，同时还有妇女手持毛巾立于祭坛旁伴唱，有的地区已发展为男女同声伴唱，所唱内容主要为神歌和祖先的功绩等。舞蹈时而温和柔韧，节奏较慢，动作稳健，时而激情奔放，粗犷有力，节奏较快，动作带有跳跃性，还加上一些动作变化。

二、度戒仪式的戒律

内容主要有：弟子在什么时候，什么时间，在什么地点受戒。重点戒条有"十戒"和"十问"。十戒就是戒除不良行为，具体戒律包括：第一，忌咒骂天、地、日、月、星、辰，忌争天、霸地；第二，忌畏惧强盗，忌怕事，忌见死不救；第三，忌辱骂父母、兄妹、六亲、九族；第四，忌以假为真，忌谋害世间好人；第五，忌贪财、害命，忌欺凌弱小贫民；第六，忌偷盗、做贼事，忌瞒师、骗朋友；第七，忌抛经、违师教，忌不习教进取；第八，忌惧怕恶蛇、豹虎，忌惧怕暴风、雪、雨；第九，忌嫖娼、赌博、害人害己，忌家庭离散；第十，忌咒骂圣帝、圣贤、师傅、师弟。

"十问"就是叫弟子必须践行的社会道德行为。基本大意为：一问，隔山隔水请你去不去；二问，天有暴风骤雨请你去不去；三问，大虎猛兽拦路请你去不去；四问,大河大水拦路请你去不去；五问,有人得急病请你去不去；六问,毒蛇拦路请你去不去；七问,大海隔路请你去不去；八问,济贫救患请你去不去；九问,帮人主持度戒,招待不好你去还是不去；十问,请你翻山越岭帮忙,你去还是不去。所有十问弟子必须答愿意去,否则将受到师父严厉的训斥,直到愿意去为止。

度戒的实施场所,就是对受戒者进行社会道德教育的特定环境,对于瑶族传统的社会教育模式来说,在度戒期间,由师父实施的教育对于受教育的度戒者来说,是最集中、最具有民族特色的民间教育模式。师父和徒弟白天静心修道,夜晚入静的时候,师父就把徒弟带到火塘边坐下并对度戒者进行教化,每一天都要持续到鸡叫两遍才让度戒者休息。河口县蓝靛瑶在举行度戒仪式的过程中,在整个度戒仪式的过程中,包括度戒仪式的主持者、度戒者的师父、度戒者的父母、以及度戒者本人,都必须严格遵守在度戒期间忌讳近女色,忌讳夫妻同房,忌讳男女打情骂俏,讲笑话,大声说话。

在蓝靛瑶度戒过程中,安孔子位是整个度戒仪式中对儒家圣贤崇拜的部分。法师诉请孔子,保佑度戒仪式所写文书一字不差,完美无缺。在这一过程中,法师要将度戒仪式中有关的内容吟诵一遍。法师诵经的时候还要打卦,其诵经打卦的目的是为了请示神明接下来的仪式时间的安排,以求得吉时并祈求孔子保佑顺利完成一应度戒文书。

过山瑶(河口也叫做红头瑶)挂灯仪式过程中,没有明确的受戒戒律,只有像戒律一般的家教词在挂灯仪式的实施过程中由施戒师父唱出。例如文山州富宁县板瑶在挂灯仪式实施的过程中所唱诵的家教词,就真切地唱出了一个伟大的母亲从十月怀胎,忍受着身体的疼痛,一直到新生命的出生,到把这个新的生命含辛茹苦地抚养、教育,直到长大成人的艰辛过程。有的还会涉及如何帮下一代修房子、娶媳妇,以及人世间的种种艰苦和辛酸等唱词。接着告诉他要懂家事的礼律,为人要讲诚信,不许奸人妇、不许胡作非为、不许好逸恶劳、不许好酒贪杯、不许争名利、不许赌博和偷盗等。

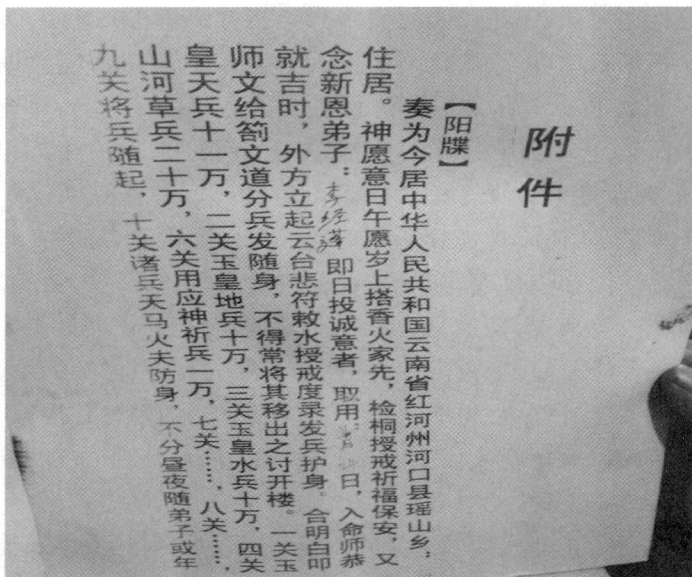

图 3-5　度戒后的阳牒，戒名为李经蓬

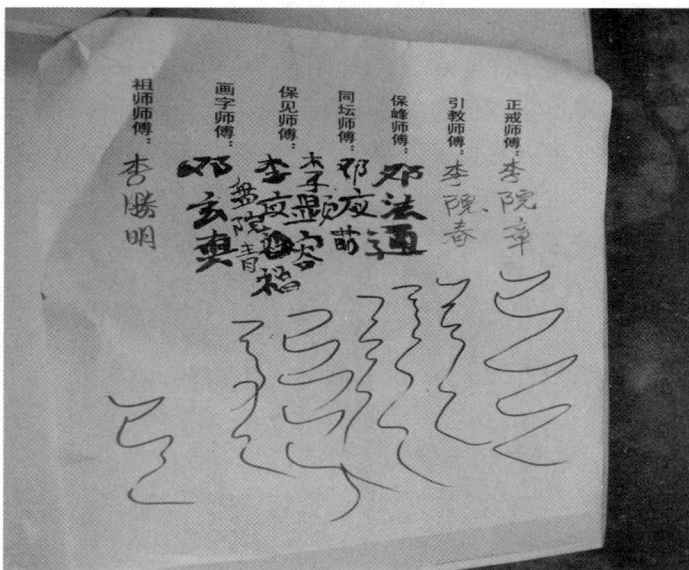

图 3-6　这张材料中"证戒师父"被错写成"正戒师父"，
"保荐师傅"被错写成"保见师傅"了

第四章　河口瑶族的婚礼

第一节　河口蓝靛瑶的婚姻习俗和不同点

一、蓝靛瑶的婚姻习俗

在红河流域的河口瑶族自治县,蓝靛瑶青年男女的恋爱、婚姻都比较自由。男女青年之间在各种各样的场合中,通过民间最普遍的对歌方式而认识,或以其他的方式而相知相恋。在此过程中,蓝靛瑶的青年男女间一般都会互赠定情物。

在过去,定情物通常是一个用竹篾编织而成的精致又漂亮的小篾盒,当地的瑶族人民称其为"哈"。当男女青年相互间感到情投意合后,就会找个联系人转告其父母。男方的父母就托人去女方家说亲。在以前,订婚信物为2元的纸币,也有用烟问亲的,瑶族称"面烟"。女方家如果接了钱或烟,就表示同意;如果没有接就表示不同意。女方家如果同意后,就写"门装"(瑶族对未婚姑娘的称呼)的生辰八字给男方;男方就去请师公测八字,如八字相克,命相相冲,就不能结婚;如八字相合,男方会尽快给女方家回复,并约定时间来商量确定结婚的日子。河口县瑶山乡的蓝靛瑶结婚后,一般都是男从女居,但又不属于招姑爷上门。所以,一般情况下瑶山的蓝靛瑶婚姻通常都是养儿从妻居,养女来女婿,婚礼通常都在女方家举行。婚礼仪式的实施过程中一般都要通宵达旦,热闹非凡。

给娃娃们测八字,就是要看看这两个娃娃结婚过日子合不合天意,他们的命相是顺还是不顺,就是相生还是相克。如果顺就为他们操办婚礼,如果不顺,就不能结婚。在我们河口瑶族,做这些事都要参照《合婚书》来整。整的时候,还要请村里的师公来先念经,还要请道教的神灵和本家的家先下来作证。

访谈对象:王桂仙,女,49 岁,当地民间歌手

时间:2015 年 3 月 8 日

地点:云南省红河州河口县瑶山乡水槽村委会上水槽村

(一)婚姻特点

(1)在河口蓝靛瑶的婚姻生活中,男女的地位是平等的。不管是男方还是女方,不管相中了谁,都可以去提亲。不但男方可以向女方提亲,女方也照样可以向男方提亲。

(2)蓝靛瑶婚姻生活中的重要仪式,包括婚礼等仪式均在女方家举行。

(3)蓝靛瑶的婚礼是在夜里举行,通常一整夜都不眠不休,婚礼要持续到天明。所以蓝靛瑶婚礼的夜晚可谓是歌的夜晚,歌助酒兴的夜晚,换句当地瑶族群众的话来说,就是“一夜婚礼一夜歌,一夜礼仪一夜喝”。蓝靛瑶婚礼的程序比较复杂,其中的每一个程序都是在女方代表和男方代表之间,以对歌的方式进行,双方对一次歌就要互敬一次酒。

(4)新娘、新郎只喝合婚酒,而不一起共同拜堂。拜堂的对象也体现出明显的度戒斋醮授箓的科仪特点,并且新娘、新郎拜堂的顺序是天、地、神、寨老、群众、岳父母,顺序不能够颠倒了。

(5)唱送差郎歌。婚礼通常都是从头一天下午 5 时左右开始,要一直持续到第二天中午 12 时左右才会结束。其间也不休息,婚礼结束时,女方的婚礼代表中的姻姑要唱送差郎歌,以表示欢送男方婚礼代表众人。婚礼歌从头至尾要唱数百首,每首歌差不多要唱五六分钟,中间还会掺杂一些对话和喝酒的时间,即唱一会,喝一会,说一会,掺杂在一起,有人在唱,有人在喝酒,也有人在说话。

我们河口瑶族,祖祖辈辈都生活在深山里,对外联系因为没有路,即便是农闲时走亲戚,都不容易。所以,就连娃娃们长大了,要结婚了,双方的主要亲戚都还没有见过面。为了加深两边的感情,自我记事以来,都是趁婚礼时,两边的亲朋好友们

一起喝酒、唱歌、说话，以达到双方多交流的目的。当然，这其中也伴随着双方在智慧、酒量，以及随机应变能力等方面的考验。就这样，慢慢形成了我们瑶族传统的婚礼特色。

访谈对象：李建兵，35 岁
时间：2015 年 3 月 6 日
地点：云南省红河州河口县瑶山乡水槽村委会坡脚村

（二）双方代表人物及职责

1. 代表人物应具备的条件

蓝靛瑶的婚礼，从新郎在家里更换新郎服装时就开始了。在新郎家里，要由村寨里的师公帮忙做祭祀活动，祈祷众位神灵神仙和本家族的本家庭的家先们，保佑新郎的婚礼进行顺利，保佑新郎以后的婚姻生活幸福美满等。从新郎家出发，一路都有明显的瑶传道教中所包含的瑶族原始宗教的痕迹因素。从新郎家的部礼公、媒人、大小差郎到达新娘家的村寨旁开始，蓝靛瑶真正的婚礼才正式开始。

在蓝靛瑶婚礼仪式执行的过程中，都是由双方的婚礼代表来具体执行。反正新郎、新娘除了喝合婚酒，以及新郎拜天地外，其他环节均不在现场。

蓝靛瑶在结婚时，第一，选择的部礼公、媒人均要能说会道，要懂得蓝靛瑶的风俗礼节，要具备丰富的社会知识，还要对瑶族民歌非常熟悉，能达到张口就唱。其他办事的人如大小差郎等也要具备一定的条件，才能承担男方家的婚礼代表。换句当地蓝靛瑶群众的话说就是：媒人、部礼公等首先要能喝酒会唱歌。就因婚礼中的多个环节都要唱歌喝酒，喝了酒话还不能说错，事还要办得漂亮，同样歌也要唱得漂亮。

蓝靛瑶的婚礼歌歌词既古老又隐晦，如"抽手谢恩拦天地，何州玉帝动云山"，其大体意思是说"欢迎贵客来到，请问是哪里的贵人"。

第二，还要懂得瑶族的礼仪。在婚礼过程中礼仪复杂且多样。一般情况下，如果鞠躬、敬酒则表示感谢，相互间称"亲家"则表示尊称。

第三，还必须要具有丰富的生产、生活知识。婚礼的过程中，双方往往都会通过对歌的方式进行。对歌的内容涉及社会生活的各个方面，反映出瑶族的农业知识、畜牧知识，以及天文地理知识等。

2. 新郎新娘双方的代表人及其职责

（1）女方代表人

①正堂 1 人。具体职责是整个婚礼的总管，还要承担婚礼期间的所有祭祀，还要代表新娘家主持各种仪式。蓝靛瑶婚礼仪式的主持必须是由当地的师公出任。

②大、小接客各 1 人。职责为正堂的助手，主要职责是迎接新郎这一方的部礼公、媒人、大小仪郎（也叫做大小差郎，相当于伴郎）和新郎。

③媒娘 1 人。主要负责与男方媒人对歌、敬酒，还要负责带领着新娘回避新郎。当婚礼仪式进行到相关的程序时，还要负责去带领新娘过来与新郎喝合婚酒。

④大姻姑 1 人。负责与男方大差郎唱歌、敬酒。

⑤小姻姑 1 人。负责与男方小差郎唱歌、敬酒。

（2）男方代表人物

①部礼公 1 人。主要职责为代表新郎家与新娘家主人认亲，即与新娘的双亲、哥嫂、姐姐、姐夫、叔伯婶娘认亲对酒，并代表新郎家的主人妥善保管新郎家的彩礼。

图 4-1　新郎家的人准备和新娘家的人进行对歌

②东家。这是新郎家设在新娘家村寨中的服务站。东家既要筹备随新郎一起来的人的第一餐饭（一般是下午 5：30 至 6：00 之间），还要为新郎家办事，充当新郎家的代言人。

③媒人1人。是男方主婚人,代表新郎家说话,还要做各种仪式,兑合婚酒。

④大差郎1人。负责应承女方大姻姑对歌、敬酒。

⑤小差郎1人。负责应承女方小姻姑对歌、敬酒。

二、河口各地蓝靛瑶婚俗的不同点

（一）桥头蓝靛瑶与瑶山蓝靛瑶婚礼的不同点

（1）桥头蓝靛瑶女从男居的人多,男从女居的人少。

（2）结婚礼物不同。瑶山的蓝靛瑶在婚礼中,男方送给女方的结婚礼物仅是一个礼坛(内装酒),而桥头的蓝靛瑶结婚礼物则比较多。中华人民共和国成立前,男方需给女方80—100块银元、15千克酒、30千克猪肉。女方父母给的陪嫁物有6—8套衣服、一套农具(犁、耙、锄、刀)、一条银腰带、一支猎枪,富裕户还要陪嫁一头牛。中华人民共和国成立后,略有减少。

（3）桥头、南溪蓝靛瑶过去有抢亲的习惯。在1990年以前,桥头、南溪蓝靛瑶少数人有抢亲习俗,这是历史遗留下来的旧习俗。小伙子若看中了某位姑娘,即邀请自己的伙伴将姑娘抢回家里,杀猪请客举行婚礼,过后再派人带钱去女方的父母家说和。

　　我们这里以前就发生过抢亲的事情。被抢的是我们老范寨乡原支部书记的姐姐。抢过去后,抢亲的人家就会放鞭炮,以示抢亲成功,然后就举行婚礼。婚礼结束后,男方才会派人到女方家去说,这个时候,女方家也就只好接受了。我自己觉得,结婚靠抢总之不好,在20世纪80年代以后,国家的法制加强了,说是抢亲犯法,要被抓去坐牢。到了90年代以后,瑶山整个社会在国家的领导下,慢慢文明了,就没有人再去干这种事了。

访谈对象:李开合,师公,52岁

时间:2015年1月8日

地点:云南省还在红河州河口县老范寨乡茶坪村

（二）蚂蝗堡沙瑶与瑶山蓝靛瑶婚礼的不同点

（1）蚂蝗堡的沙瑶提亲必须是男问女，即由男方向女方提亲。即使是姑娘看中了小伙子，也不能托人去提亲，必须由男方请媒人"问亲"。而瑶山蓝靛瑶则可由女方托人去提亲。

（2）吃订婚饭。蚂蝗堡的沙瑶称吃订婚饭为"吃鸡"。女方同意这门亲事后，将硬币收下，并托人带口信给男方，男方就可以和女方共同确定吃订婚饭的时间。吃订婚饭即男女双方的父母在一起吃一餐饭，商量婚事。

结婚之日，蚂蝗堡的沙瑶男方找的"走路人"与瑶山的相同，不同的是女方只找一个"姻筒发"和一个姻姑。蚂蝗堡的沙瑶结婚的程序和礼仪，与瑶山的瑶族基本一致，但最大的区别是蚂蝗堡的沙瑶多为女从男居，瑶山的蓝靛瑶多为男从女居。

第二节　河口蓝靛瑶婚礼的程序

蓝靛瑶的婚姻关系中，存在着男娶女和女娶男这两种方式。在河口县桥头乡的蓝靛瑶婚礼中，存在着送亲和不送亲两种情况。送亲或不送亲，双方在婚前就已确定。如果要送亲，男方的人来接新娘时，女方的伴娘及送亲的亲戚，送新娘到男方家后，男方家必须重新杀猪招待女方家送亲的客人；如果选择不送亲的方式，则就新娘一人随接亲的人到男方家成亲即可。在传统习惯上，河口县瑶山乡的蓝靛瑶送新郎去新娘家结婚有以下程序。

一、新郎出行

河口县瑶山乡的蓝靛瑶在结婚的日子，一般都会选择"男人出嫁"。新郎要到新娘家去举行结婚典礼。新郎家在上午要请媒人、部礼公、大小差郎在新郎家吃早餐，然后就一起到门外接献神人（师公）交给的伞，听从献神人的叮嘱和嘱咐。准备好中途路上吃的午饭就出发。出门上路的顺序不可以乱走，一般是小差郎、新郎、大差郎、部礼公、媒人，逐一出门上路的。

图 4-2　新郎在出发前接受长辈们在酒席上唱歌祝福与叮嘱教育,笔者在跟唱

　　现在,由于交通条件的日益完善,当走出家门一会儿后,出了村寨后一般就会乘坐已经准备好的小轿车,前往新娘家去。从新郎家到新娘家,不论路途远近都会在途中吃准备好的中午饭。到了新娘家的村寨边,媒人和部礼公要打整村寨里的"阴魂",这个仪式是在草丛中秘密地进行的。该仪式结束后就按顺序入村。就笔者在瑶山乡水槽村委会上水槽村参加的蓝靛瑶婚礼一路上所看到的,这个婚礼是属于典型的女娶男的婚姻形式。上水槽村的新郎出嫁到一个叫桃子寨的蓝靛瑶村寨去,随新郎一起出发并担任部礼公的人,是当地瑶山乡政府的干部。瑶传道教的信仰反映在他们生活中的方方面面。

　　　　当新郎的队伍来到一条河边,河边有一棵大树,准备过河时,部礼公让大家停下来,稍做休息。在我们休息的时候,部礼公拿出香和纸钱,在河边烧化纸钱后,对大家说,你们在这里等一下,我去那边上炷香就回来。然后部礼公就走到大树下,对大树虔诚地敬香,口中还在喃喃地念一些祈祷的话语。这时,媒人也过来一起上香。后来,媒人告诉我,是这个意思:希望天上的神灵和本家的家先们,保佑送亲的人们一路平安,保佑婚礼顺利。

访谈对象：部礼公,瑶山乡审计所干部,50 岁

时间：2015 年 1 月 25 日

地点：云南省红河州河口县瑶山乡桃子寨

二、唱拦路歌

当新郎一干人等走进村寨时,新娘一方的姻姑早就已经把一条长凳子横拦在新郎一方的必经之路上了。长凳上已经点燃了一炷香,并放着一支水烟筒和一点烟丝。新郎等人见到这种情况就要即刻止步。村寨里会有很多男女老少都会来看热闹。此时,媒人要热情地给在场的人们发香烟。姻姑唱歌,差郎对唱后,媒人拿出一些钱放在长凳上,说出请姻姑搬开长凳让路的话。姻姑听到新郎的媒人这样说,就会把长凳往后移动了七八米(每一次长条凳移动的距离并不一致,具体情况要看当时的实际环境而定,但都会移动一下的,这是瑶族婚礼仪式过程中必须有的环节)。姻姑把长条凳又拦在路上,双方第二次对歌,差郎又对答。像这样的对歌要连续对三次,姻姑最终才会把长条凳抬走,新郎一干人等才能顺利地进入东家。就笔者看到的对歌环节,就蓝靛瑶婚礼仪式过程中的传统习惯来说,这个阶段的对歌主要在新郎方的大小差郎和新娘方的大小姻姑之间比拼。婚礼对歌,蓝靛瑶新郎上门礼仪歌,姻姑拦路第一次对歌(第一首)(谱例 4-1)如下。

例 4-1

婚礼对歌（蓝靛瑶上门礼仪歌）

姻姑拦路第一对
（第一首）

红河州河口县瑶山乡五道河
演唱：新娘方代表
录音采集：詹林平
译词：邓国群
记谱：詹林平
时间：2014 年 12 月 26 日

1=bB ♯ ♩=48 节奏自由

（啊 嘿 嘿 啦）　抽（呀）　手　马

（啊　　　哦　　哎）　（呀）谢早　恩国

婚礼对歌,蓝靛瑶上门礼仪歌,差郎答第一对(第一首)如下(谱例 4-2)。

例 4-2

婚礼对歌(蓝靛瑶上门礼仪歌)

差郎答第一对
(第一首)

红河州河口县瑶山乡五道河蓝靛瑶
演唱:新郎方代表
录音采集:詹林平
译词:邓国群
记谱整理:詹林平
时间:2014年12月26日

1=bB $\frac{4}{4}$ ♩=62 节奏自由

大小差郎和大小姻姑一般都要选择未婚的青年人去担任,相当于汉族婚礼中的伴郎和伴娘的作用。这些大小差郎和大小姻姑年龄大多和新郎新娘差不多,无法承担独自演唱本民族传统民歌的责任,有的甚至只能够张张嘴对口型,所以新郎方的媒人、部礼公,新娘方的媒娘以及新娘方村寨里能唱瑶族民间婚礼歌的中老年人都会出来,穿着瑶族的民族服装,给他们帮腔,甚至是带着他们一起唱。这就是瑶族民歌传承中的现状。民族文化的断代危机已经初露端倪了。

图4-3　新郎到达新娘所在的村寨后,正在与新娘家的代表进行对歌

三、进东家

东家是新郎家专门设在新娘家村寨的服务站。新郎一干人到了东家后,新郎家的媒人就要拿出许多硬币交给房东主人去新娘家里报信。在东家任何人都不得打开随身带的伞。然后新郎和大小差郎、部礼公以及媒人等包装礼坛。礼坛一般是一坛瑶族自己酿造的米酒,用酒筐装好,将礼坛封好放在东家。此时天色已晚,新娘的父母以及本村的寨老、出师、出主包括村寨里的大小干部都会到场,在东家与新郎一行共进晚餐。随后,新娘家会派人来到新郎的东家请新郎一行人。来的时候要抬1碗菜和1瓶酒,向新郎一行人说:"请进主房!请进主房!"并向媒人等斟3次酒。

> 我们这里的习惯是当新郎的队伍在唱完三次拦路歌,进入东家后,就吃晚饭了。在东家是不唱歌的。在东家吃饭时,部礼公和媒人就会交代东家去新娘家报信,随后新娘家会派代表到东家来迎接新郎一行人等。当新郎等人到达新娘家后,新郎就会被新娘家的大小接客接走,其他人就和新娘家的正堂、媒人以及随后就会出现的大小接客一边吃喝一边对歌。对一会歌又说会话,前后又接着对歌。就这样喝酒、吃肉、对歌、说话一直到第二天吃早饭。当然了,在对歌的过程中,新郎新娘还要来喝合婚酒,新郎还要一个人拜天地。

访谈对象:邓国群

时间:2014 年 12 月 22 日

地点:云南省红河州河口县瑶山乡水槽村委会五道河村

四、首次进新娘家

新郎家的媒人一行 4 人(新郎不去)按照顺序(顺序是媒人、部礼公、大差郎、小差郎)从东家出发上路去新娘家。到了新娘家的门口,部礼公将雨伞挂在门外就进门,进门后新郎家的媒人和部礼公要分别给新娘家的正堂和接客发烟。然后,媒人和部礼公在征得正堂的同意后,要向屋里的众人发烟。

我们蓝靛瑶在婚礼发烟必须要遵循的规矩就是：月份大就顺时针发，月份小就逆时针发。发完烟后新娘家的正堂就请新郎家的媒人一行入座。入座也要按规矩来，具体的规矩是：小差郎要坐媒人的左边；大差郎要坐媒人的右边。

访谈对象：邓国群
时间：2014 年 12 月 22 日
地点：云南省红河州河口县瑶山乡水槽村委会五道河村

图 4-4　新郎的东家在数新郎家的部礼公交给他的钱

五、摆长桌宴

男方一行人向正堂唱问坐歌，正堂对唱完。男方的媒人一行就按正堂指定的座位坐下，媒人先向正堂递烟斟酒，然后开始这一轮的问答。正堂问："亲家从哪里来？"媒人说："从男方来。"问："来做什么？"答："来合婚。"问："来合婚有证据吗？"答："有。"问："亲家说有就拿出来。"答："亲家自己知道证据在哪里。"问："我不知道，请亲家明说。"答："刚才我已交给接客了，是接客收起来了。"一次问答双方都要喝一杯酒，后面还有 5 问 5 答和另外的对话。

　　婚礼中的长桌宴这种方式传承了多少年,具体的谁也说不清楚。就我多年来的体会,长桌宴这种吃法,方便跟桌子对面的亲戚朋友拉近距离,增进交流的融洽感。反正桌子也不宽,都是一张一张地排起来的。大家在一起喝酒、唱歌,特别是新郎和新娘的代表们,更是必须按这样的标准入座,一边喝酒吃肉,一边尽兴唱歌,一展才华,斗智斗勇,其乐融融。

访谈对象:邓开林,48 岁

时间:2014 年 12 月 26 日

地点:云南省红河州河口县瑶山乡水槽村委会上水槽村

图 4-5　在新娘家摆的长桌宴,席间,新郎家和新娘家的代表们要一直对歌、喝酒,
新郎和新娘一般不参与

六、拜堂仪式

　　在瑶族婚礼中,最有特色的就属于拜堂仪式了。瑶族的拜堂仪式与其他民族都不同,其他民族都是新郎新娘一起拜,而瑶族则是新郎独自一个人拜。新郎坐于堂屋中央的席子上,由女方的接客呼喊:"拜天地!拜家神!拜正堂!拜媒人!拜媒娘!拜仪郎!"最后,还要拜村里的人。新娘所在的村寨要逐户点名拜完。

七、卸礼坛(酒坛)包装的问答和收藏仪式

由女方的正堂问,男方则由媒人回答。正堂先斟两杯酒递给媒人,然后指着礼坛包装发问。以下是笔者于 2014 年 12 月 22 日在云南省红河州河口县瑶山乡水槽村委会五道河村参加婚礼时整理的一个现场记录:

新娘代表的正堂(必须是师公)问:亲家,这个花花绿绿的东西是你拿来的,你自己来处理吧!

新郎家代表媒人回答:还是麻烦亲家处理。

接下来正堂开始问话,由新郎家代表部礼公回答。

正堂问:这个东西有两个圆圆的,两根拱拱的是那样?

部礼公答:是礼坛壳。

正堂问:它从哪里来的?

部礼公答:是从南方来的。

正堂问:它来做什么?

部礼公答:来合婚。

正堂问:它姓什么?

部礼公答:姓竹。

正堂问:那边黑黑的那大个是什么?

部礼公答:是坛子。

正堂问:它姓什么?

部礼公答:它姓土。

正堂问:它来做什么?

部礼公答:来合婚。

访谈对象:邓国群,此次婚礼中出任媒人一职

时间:2014 年 12 月 22 日

地点:云南省红河州河口县瑶山乡水槽村委会五道河村

下面还要问吊在礼坛包装上的铜币、黑线、白线、红纸,后面还有 16 问 16 答,最远说到远古的神农。问答完毕,正堂说:"亲家,这个东西这么好看,我们留着看了吧?"部礼公说:"不能留,要把它卸掉。"正堂说:

"亲家,你来卸吧!"部礼公说:"还是求亲家卸了。"每问答一个问题喝一
杯酒。

八、婚教仪式

不但过山瑶在婚礼过程中有婚教内容,蓝靛瑶婚礼进行的过程中,
也有婚教内容。唱完安坐歌,在这个时候,新娘的父母向正堂、媒人各敬
酒一杯,并说:"请你们帮我们教育儿女。"然后,正堂和媒人分别向新郎
新娘提要求和希望,教他们成家后要互相关照,要和睦团结,互敬互爱,
要勤劳,过好日子等。

"我们瑶山以前没有学校,教育娃娃主要靠父母亲的家教,
等慢慢大一点后,特别是男娃,就以戒教为主了。戒教就是道
教典籍,以十戒、十问等为主。再后来就是婚礼进行过程中的
婚教了。我们的婚教都是要由师公来主持的,以说唱相结合的
方式进行。主要是教育新婚夫妻要以一个成年人的身份承担
起家庭和社会等各种责任和担当。"

访谈对象:盘正元
时间:2014 年 12 月 25 日
地点:云南省红河州河口县瑶山乡水槽村委会上水槽村

九、挂红表演

整理于云南省红河州河口县瑶山乡水槽村委会五道河的
婚礼现场。

女方的正堂递两杯酒给男方的媒人说:亲家,没有什么
了吧?

媒人接过酒退一杯给正堂说:还有。

下面又是正堂问,媒人答。4 问 4 答。

问:昨天到今天,你们是否知道做错什么吗?

答:知道。

问:错什么?

答：偷了主人家的碓窝（意思是娶主人家的姑娘做媳妇）。

问：你们是愿打还是愿拴?

答：愿打也愿拴,但是要轻一点。

于是,正堂问:用120排绳子,打120板行吗?

答：不行,太多受不了。

然后由100板依次问到4板,问一次答一次都说不行,最后问到2板才说行。

问答完。正堂交一条红布给两个接客,接客到门外把大门关上,高声说:云南省红河州河口县瑶山乡某某寨某某家的碓窝丢了失,东方查、南方查、北方查、西方查、中央查。然后将红布挂在大门上,斟两杯酒给正堂,说:查着了,是门大爷偷的。

访谈对象:邓国群,此次婚礼中出任媒人一职

时间:2014年12月22日

地点:云南省红河州河口县瑶山乡水槽村委会五道河村

接客又用前面的动作和语言,把红布挂在板凳上,向正堂报告,正堂还是说不对,再去查,接客第三次重说前两次查的话,最后将两条红布挂在媒人和部礼公身上。这带有瑶传道教色彩的民间戏剧表演,起到了增加和调节婚礼气氛的作用。

十、唱收尾歌

挂完红后,新郎家的一行人就要返程。正堂和接客就坐在上席,部礼公和媒人面对上席唱别正堂歌,两个仪郎准备起程。此时媒娘和姻姑会用凳子将大门拦住,然后唱拦凳歌。部礼公和媒人、正堂和接客、媒娘和姻姑以及大仪郎和小仪郎分别唱礼仪歌。仪郎唱完歌,放一些钱在凳子上,姻姑就敬仪郎一杯酒。仪郎喝了酒就往外跑。到了房东家付完房东的钱就回程了。这时,媒娘和姻姑追着唱送行歌,媒人和仪郎又还歌对唱。

十一、回门仪节

男方家的媒人、部礼公、仪郎以及女方家请的伴郎、伴娘和新郎、新娘一行8人回新郎家。新郎家摆长桌宴，请亲朋好友来做客。在宴席上，新郎的父母向媒人敬酒，请媒人教子，媒人把新娘父母交代的话转告男方父母。这时新郎的父母递两个杯子给媒人，一个装酒，一个装红包，媒人喝了酒，就打开红包，退一部分钱给主人。媒人收到红包，无论钱多钱少，都要退一点给主人。主人还要送猪肉给媒人、部礼公和仪郎，以示感谢。

第二天早餐后，伴郎、伴娘就催新郎、新娘回女方家。新郎就随新娘回家，在女方家居住。女方家还要做饭菜请结婚期间帮忙的人来吃饭，以示答谢。而这一天，新郎和新娘还不得同宿，由伴娘陪新娘，伴郎陪新郎一夜。

次日，女方的父母才收拾新郎睡的床铺，对新郎说："姑爷，你的床被我们收拾给别人睡了，你以后的床就在那里面。"之后新郎和新娘才能同床。

蓝靛瑶新娘新郎对亲属的称呼与其他民族不同。男方除称女方的父母为爹妈外，还称女方的伯父、伯母、叔父、婶娘为爹妈。女方称男方的也如此。更有趣的是男方对邀请来做部礼公的人，要视为岳父大人一样对待，新娘即被视为部礼公的女儿。新郎、新娘要对部礼公（姐）像亲生父母一样。部礼公瑶族称"马驾姐"其妻叫"马驾底"。部礼公称新郎和新娘为"马驾郎"和"马驾蝉"。因此，新郎、新娘要尊敬"马驾姐"和"马驾底"，他们病逝时，新郎、新娘要像子女一样戴孝。

图4-6　红河州金平县的尖头瑶（属于过山瑶的一种，因成年女子所戴的帽子呈宝塔型，故而被人们称为尖头瑶）婚礼现场

第三节　河口瑶族婚俗的变化

一、瑶族青年谈恋爱的机会和场所

（一）唱"爱情歌曲"（对歌）的注意事项

家庭是最小的社会组织细胞,若干个这样的细胞聚集在一起,则形成了一个具有共同文化影响和宗教意识的社会群落。瑶族在民族繁衍生息的发展过程中也不例外,其模式也和其他民族一样。青年男女都是通过恋爱自由,通过结婚才走向婚姻生活的。

青年男女经常在节庆日子或婚丧嫁娶的时候相互进行对歌(主要是唱风流歌);除此而外,则利用平时走亲戚(到居住在其他村寨的亲戚家里去进行拜访)或邀约(一般以对歌为目的)的形式组织进行。在邀约的过程中要以有抵押物作为信物,如镯、钱币等,以表达自己的诚意。所唱的歌词一般是诉说自己民族的历史、相关的生产、生活以及爱情等,涵盖了多方面的内容。在对歌的过程中,如果男女双方相互欣赏,特别是唱到情投意合的时候,就互赠送小礼品以象征着巩固爱情。

在对歌过程中,有几点原则是每一个瑶族青年男女都必须遵守的。具体来说,就是男的不能够和男的对歌,女的不能和女的对歌;同一村寨的男女之间不能对歌;只有男女两人的时候不能对歌。即便是通过对歌择偶,也须办理说媒、订婚的手续。

青年男女在对歌中,一般都是通过《慕名》《询问》《探情》《恋情》《定情》的程序模式来抒发内心的情感和思想,以吸引对方对于自己的注意。瑶族情歌的特点是善于比兴,语言优美,抒情深厚,有浓郁的民族特点,听起来别有一番风味。除了唱爱情类民歌以外,还有唱《苦瓜歌》《房屋》等谜语歌。

（二）"爱情"类民歌的演唱场合

1.走亲访友场合

在瑶族聚居区的村寨里,未婚的瑶族青年男女以走亲访友的方式进行的对歌是最为广泛的。因为对歌的场合主要是围坐在火塘边唱歌,所以有的地方甚至把火塘边的对歌称为火塘对歌或火塘歌。在火塘边所唱的歌涵盖了与瑶族有关的古歌、迁徙歌、说理歌和情歌等。

2. 定歌场合

定歌是瑶族聚居区村与村之间、寨与寨之间举行的一种规模大、人数众多的大型集体对歌活动。在历史传统中,定歌的组织形式是,对歌就远不就近,也就是说,要和距离远的村寨对歌。其中一个重要原因就是附近村寨的青年男女,相互间几乎都了解和认识,因为经常会碰面,所以对歌中有些话就不便于表达出来,以免下次相互碰面时尴尬。

未婚青年男女是瑶族对歌活动中的主体,已婚的甚至年纪大的中老年人也会参加进来,主要是感受民族节日的气氛,寻找一种民族的归属。本寨的未婚青年男子与另一个寨的未婚青年女子对歌,日期一般都会在节日期间或者农闲时举行,有时也会选在春节期间或正月初一到十五这段时间举行。时间一般情况下是两天一夜。主要目的是通过定歌交流民族间的亲情和感情,为未婚的青年男女相识相恋牵线搭桥,促成美满姻缘。

图 4-7　蓝靛瑶青年男女在一起集体对歌

3. 举行成人礼(度戒)、婚礼、葬礼等场合

成人礼、婚礼、葬礼三大礼仪从瑶传道教的宗教伦理上来讲,都是值得庆贺的,因此以娱神、娱人和娱己为目的的唱颂以及其他祭祀音乐才具有了如此广泛的社会基础。在这个过程中,主要唱礼仪歌,即行礼和赞颂歌。这种礼仪歌一直可以唱到第二天,正所谓是"一夜礼仪一夜歌,

几天礼仪几天歌"。其间为了使整个对歌更有层次感、立体感,对歌的人们还会唱以爱情为主体的民歌来吸引更多的人参与进来,歌声此起彼落,层层叠叠,从而使音乐具有多重性。

4. 读信歌的场合

瑶族群众一般习惯把手抄歌本的演唱叫做读信。读信是瑶族人民唱民歌的一种方式,同时也是他们学习民歌的途径,并且是其提高本民族民歌创作能力的重要途径。瑶族人民为了更好地了解自己民族的历史传统文化,经常三五个地聚集在一起找前辈学习。通常在农闲时候或节日期间,大家围坐在火塘边或晒台上学习民歌、演唱民歌。读各种各样的信歌,可以达到了解民族历史和相关的民族文化知识,提高自身文化知识和道德修养的目的。因此,读信歌也是火塘文化的主要表现形式。

5. 小调

小调一般是男女之间一人对一人的对歌,多数情况下都是瑶族青年男女在对歌的过程中,对自己非常满意的对象私下演唱的一种曲调。小调一般以天、地、日、月、星、辰、花、鸟、虫、鱼等为歌唱对象,多采用比喻的修辞方法来表达自己对他(她)的爱慕之情,同时也是瑶族未婚青年男女试探对方对自己有没有情意的一种方式。在此种对歌的过程中,如果双方唱到情投意合时就可以谈婚论嫁并结成美满家庭。

二、历史传统上的瑶族婚姻礼俗

"婚用媒"最为核心的思想就是在瑶族婚姻生活中,采用《合婚书》的形式为适婚的瑶族青年男女"测八字",也叫做"合八字""算八字"等。瑶族集聚地区的州府志、地方志当中,均记载有当地瑶族人民在其婚姻生活中,普遍使用"婚用媒"的相关文献记载。

瑶族的"婚用媒"文化,深受汉族儒家文化与道教文化的影响,并反映在婚姻习俗的各个方面。例如,"香火"观念,道教科仪模式的婚礼仪式等。

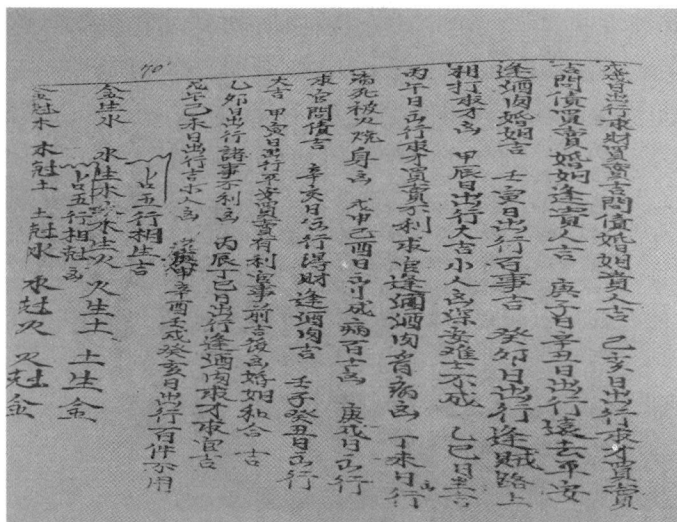

图 4-8 瑶族"合婚书"中关于五行相生相克的记述

在云南省红河流域,散居各地的瑶族人民,在其传统的婚姻文化生态体系的建构过程中,从不同的关注点、不同的仪式、不同的仪程、不同的仪节,均体现出当地瑶族传统文化生态体系中的祖先崇拜、儒家文化、道教文化以及道教伦理观念的影响,不仅仅婚姻文化生态体系如此,在其生产、生活的方方面面,亦如此。

在瑶族传统婚姻文化生态体系中,另一个重要的因素就是婚礼仪式过程中所体现出来的家先观念。

在婚姻仪式进行的过程中,家先观念依然采用道教斋醮授箓科仪的形式,在师公和道公的主持下,被强调、被渲染、被表达出来。在这些社会形态的、宗教文化的、本民族原存文化形态的多种因素影响和制约下,形成了由瑶族婚姻文化生态体系逐步转化的,以人生观、世界观中的阴阳观念错综复杂地交织在一起,以宗教意义为主体的婚姻文化体系。在瑶族集聚地区,一个没有通过度戒仪式的蓝靛瑶男子,或者是一个没有经过挂灯仪式的过山瑶已婚男子,如果没有获得宗教意义上的成年礼资格,那么,其死后是无法被家族认可和祭祀的。

在云南省红河州河口县蓝靛瑶的传统婚姻中,最重要的就是必须要给自己家族的祖先,给自己家庭中的祖先,以及给道教中的众位神灵、神仙"报户口"。

在过山瑶中较为复杂的,除了在婚礼上报户口,表现出与婚礼的联系外,还必须在挂灯仪式给道教众位神仙、神灵以及众位家先们"报户口"。

瑶族与汉族传统文化的不断融合,也通过"香火"的观念和形式表现出来。瑶族传统文化中的"香火"观念,反映了在瑶族族群具体的婚姻文化生态体系中的婚姻生育意义。瑶族人民对姓氏高度重视,重视姓氏的延续性。瑶族人民对于子女后代,实行男女平等。在红河州河口县瑶族集聚地区,人民普遍地认为,对于"香火"的传承和延续,不一定只有男子才拥有继承家庭或家族"香火"的资格。

三、河口瑶族社会群落中的婚姻和家庭

（一）瑶族社会群落中的普通家庭

一夫一妻制是瑶族社会组织中最为基本的形式。子女在结婚后,特别是生育了一个小孩子以后,一般情况下都会从原来的家庭中分离出来,组建自己的家庭。哪怕儿女成群,结婚一个就会分家一次。在这样的社会背景下,家长最后只有跟最小的子女生活,一直到百年之后。但是赡养父母,子女们也都是尽心尽力,不会互相推诿。在这种特殊的社会结构体系中,瑶族集聚地区很少会出现像汉族地区三世同堂、四世同堂的社会现象。在蓝靛瑶的社会群落中,由于受制于经济条件的影响和制约,在未婚男子度戒仪式之后,特别是家中兄弟比较多的家庭,根本就没有多少经济能力再为这些已经通过度戒仪式的适婚男子举办婚礼仪式。因此,这样的家庭就会采用男子到女方家生活的方式,完成人生婚姻生活。在汉族地区这种婚姻现象被称之为"招赘"或"倒插门"。有一个特殊的社会现象就是,在瑶族这种婚姻文化生态体系中,男子到姑娘家生活,既用不着改名,更用不着改姓,并且小孩子出生后,一般都随父亲的姓氏。

从 1981 年 1 月 1 日开始,云南省红河州河口瑶族自治县开始实行国家的计划生育政策。凡是国家行政企业公职人员,一对夫妻只能生育一个孩子。但是,根据当时边疆农村的实际情况,凡是农业户口的家庭,这一政策有所放宽,最多不可以超过三个孩子。

（二）4-2-1 家庭模式

4-2-1 家庭模式就是特指由之前两个家庭组合而成的联合式家庭，这种联合式家庭模式主要存在于河口县蓝靛瑶群这个支系。联合式家庭往往会出现在儿女很少的家庭，特别是只有一个子女的家庭中，出现这种家庭模式的概率就更高了。在子女结婚多年以后，由于夫妻双方的父母年龄逐渐增大，身体健康状况不好，而且双方父母在不同的地方，在生活上很难做到充分地照顾老人，所以他们就把相对较远的长辈接过来一起居住、生活，两口子共同赡养四位至亲老人。这就是河口县蓝靛瑶社会中普遍存在的联合式家庭。

（三）红河州河口县红头瑶社会群落中的多姓氏组合家庭

在红河州河口县红头瑶社会群落中，还存在过一种特殊的家庭模式——多姓氏组合家庭。在新中国成立以前，由于长期受到国民党反动派以及地主阶级的多重压迫和欺凌，瑶族人民生活困难、流离失所，一些无儿无女的孤苦人家便收养了很多无人照顾的小孩（包括其他民族的），这样便形成了一种特殊的多姓氏组合家庭。

　　小詹，我们瑶族，不管做什么事，不管事情大小，在做事前都要烧香、念经、请神，还要根据经书来算。如果算的结果是吉，就开始做事；如果算的结果是凶，就不能做了。多年来，比如搬家（迁徙）、开荒、下地、出行、打猎、卖猪鸡、谈婚论嫁、丧葬、祈福、撵鬼、招财、求子、求平安、求安康等等，多了。反正只要是做事，都要按照《拾量书》上的要求来做，不得违背。

访谈对象：李国容
时间：2015 年 3 月 18 日
地点：云南省红河州河口县瑶山乡水槽村委会老瑶山村

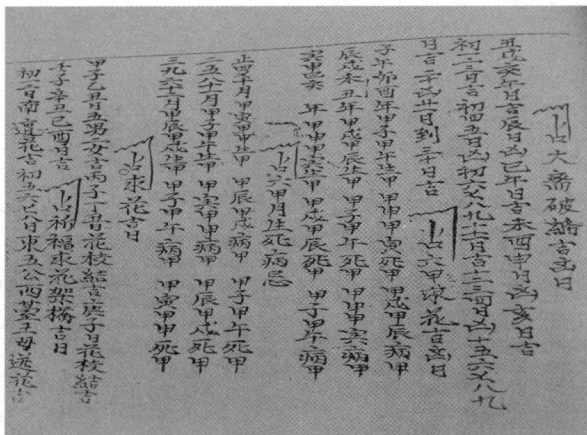

图 4-9 河口县红头瑶婚姻提亲时的宗教内容在经书中的记载,证明了瑶族传统婚姻生活受《合婚书》支配的根据

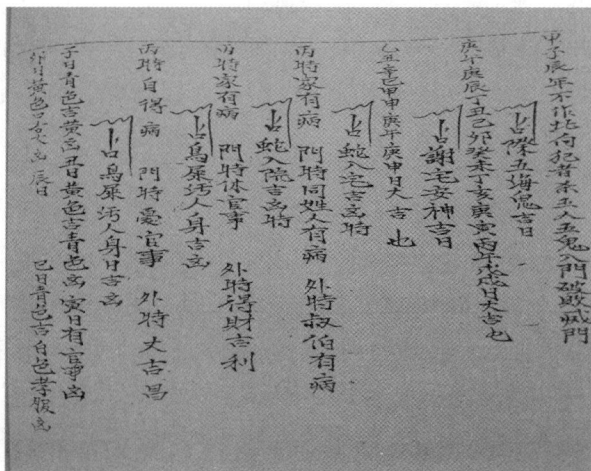

图 4-10 河口县红头瑶,婚姻禁忌在经书中的记载

第五章　河口瑶族的出生礼与葬礼

第一节　河口瑶族针对孩童的民间仪式

一、喃三朝与打三朝

河口瑶族各支系的生育习俗基本相似,蓝靛瑶支系无论生男生女都要举行诞生礼"喃三朝"仪式。"三朝"即孩子出生三天之意。喃三朝要召集亲兄弟和祖父母、舅父舅母、外祖父母参加礼仪。仪式内容有:祭祀生育之神帝母,奉供祭品感谢帝母神赐给孩子,请帝母神、祖先和家神保佑孩子无病无灾长大成人;帮产妇赎魂,因为蓝靛瑶支系认为妇女生孩子时身体虚弱,人魂会离身到河里,不赎回来会死人。"喃三朝"时必须请祭司把魂从水中赎回;起新生婴儿名字(瑶名)。

勉瑶祖先生男婴才打三朝。打三朝时,杀鸡一只,请师公替婴儿向祖先祷告。祷告词说:"啊!后代有儿孙,可传宗接代,求祖宗保佑,有人接香烟。一代传一代,子孙得兴旺,祖宗赖安宁。"祷告祖宗后,师公叫产妇抱着婴儿,跨出门槛,再祷告天地,求天地赐福,保佑婴儿快快长大。

二、起瑶名

起名的顺序为媒人男方主婚人先起3个,如新生儿父母觉得合适就用其中一个,如不合适才轮到其他人起,直起到婴儿父母满意为止。起瑶名时,极其严肃认真。所起名字,不得与其五代家族名字相同,要求标新立异,力求有象征性。男孩一般多起带有荣、华、富、贵、福、禄、寿、喜、昌、盛、达、品、圣、明、贤等字的名字,女孩一般多起带有花、香、美、丽、芬、芳、莲、秀、珍、珠、仙、凤等字的名字。

三、接生与禁忌

蓝靛瑶孕妇生孩子,没有专门的接生婆,大多由孕妇的母亲或婆婆接生。生时要找师公或师娘亲临产妇门外,指点生育时的方向,产妇坐南朝北,坐东朝西,其方向要根据春夏秋冬四季而定,以太阳和月亮同陪的三颗较亮的星星的位置为标志来确定产妇生育面对的方向。据说如果不这样办,生育就不顺畅。这一习俗的兴起,传说古代嫦娥奔月之后,丈夫追到天上,要与她和好,嫦娥就叫丈夫砍月亮上的桫椤树,砍倒了才同他和好。可是,嫦娥的丈夫第一天砍了一半,次日去看又长满了,总是砍不倒。因急于要同妻子和好,丈夫就一边砍一边用肩去顶树,结果被桫椤树卡住,无法脱身。所以瑶族生孩子时,最怕顶着月亮中的桫椤树,不吉利,要请师公或师娘来指点产妇生育所面对的方向。

孩子出生后,在大门上挂柚子、橙子或橘子的树枝,有的在自家门前定木桩,用雨帽顶在桩上,作为生育孩子的标志,外人见此标志就不入屋。孩子不满月孕妇禁入室。瑶族认为,孕妇入室"会踩着奶",使产妇没有奶水喂婴儿。因而,产妇坐月子期间,忌讳外人进入,尤其是孕妇。产后三天内,如果家有长辈,都要进奉一杯酒,表示对老人的尊敬,不冲撞老人,并祝愿婴儿平安,快快长大,长命百岁。

瑶族在对新生儿的抚育过程中,如果孩子老是生病不舒服或夜间经常哭闹,就会认为是野鬼孤魂来捣乱,并把孩子的魂魄拿走了。如果是这样就必须举行叫魂仪式。届时由一老年妇女盛一碗米,把一个鸡蛋直竖在米上,口中不停地喃喃说:"请魂归来。"

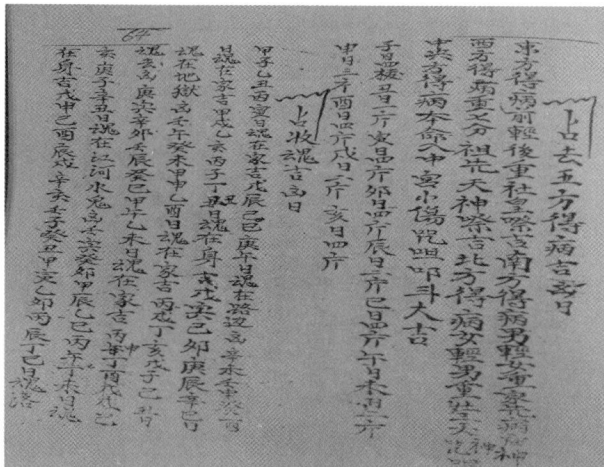

图 5-1　瑶族叫魂在经书中的记载

第二节　河口蓝靛瑶的葬礼

河口蓝靛瑶的葬礼程序如下。

一、报丧——生命个体死亡的社会化认可体系

当死者被确认为死亡后,即用火药枪或鸟铳鸣枪三声,并向亲戚朋友和寨子的村民报丧。国家严格实施民间枪支管理规定以后,人们开始改用放鞭炮来代替。

二、装棺

在棺材上会放有彩楼,象征着死者的亡魂经过道公超度后,将住在像宫殿一样的地方,永享后世子孙的世代供奉。

三、请道公超度

我们这里请神,至少要请三次以上。这里面有个民间传说。相传在很早以前,我们瑶人遇有重大事情,都要请天上的神灵下凡临坛，帮我们镇坛，这样做事情就会得到神灵们的认可和保佑。有一次，有个人家按照平常的做法给娃娃度戒后，村里另外一个娃娃看了当时敲锣打鼓，他觉得很好玩。没过几天，当家里的大人都出去干活时，这个娃娃想起了敲锣打鼓很好玩，于是就把家里的锣鼓拿出来，自己敲锣打鼓。他自己玩不打紧，这一下把天上的神仙惊动了，以为凡间的瑶人用锣鼓声来请众位神仙到凡间去，帮人们做事镇坛。于是众位神仙都降临凡间来了。到了凡间一看，就是一个顽皮的娃娃正玩得高兴，也没有哪一家要做事，于是就带着不好的感觉回天庭去了。从此以后，每当人们要做事请神仙临坛时，都要一遍一遍地请，至少要请三遍。所以，我们这里的瑶族，不管是做什么事，不管大小至少都要请三次，如果请三次还请不来，就要继续烧香，继续请第四次、第五次，一直请到神仙们下凡来到凡间，来临坛镇坛。

不仅如此，我们这里按照这个习俗，慢慢地，就连整给烧香和家先们的锣鼓和舞，每一个片段都要整三遍。不管是师派还是道派，不管是做什么事都要整三遍，这一点也算是我们这里的特点吧。

访谈对象：邓绍友
时间：2015 年 12 月 6 日
地点：瑶山乡水槽村委会上水槽村

四、送葬

"师公管生，道公管死"是我们这里的传统。师公和道公虽然有具体的分工，但在大型的活动中又是相互配合的。小詹你知道的，比如像在度戒、葬礼、扫寨、祭龙等活动过程中，师公和道公是相互配合的，他们各有各的任务和责任。就拿葬礼来说，师公主要就是为整个葬礼驱除道场和送葬过程中一路的孤魂野鬼，同时还要指引亡魂到达坟地，以保证葬礼顺利进行。而道公则以超度死者的亡魂为主，在送葬的过程中断后，主要是防止死者的亡魂返回村寨。

比如,送李春福上山时,就是老盘(盘正元,瑶山乡非物质文化遗产传承人)带着他的徒弟在前面一边跳舞,一边往坟地走,还有的徒弟就在前面插五彩旗,作为引魂的路线,也可以说成是引魂的路标和纸钱。在送葬队伍的最后面是道公邓开祥。

如果是平常生活中的一些小的法事,主要由师公及其徒弟来做。

访谈对象：盘开云

时间：2015 年 11 月 28 日

地点：云南省红河州河口县瑶山乡水槽村委会上水槽村

图 5-2　在李春福葬礼的送葬仪式过程中

五、开亡灵仪式

我们这里的瑶族,凡是老人去世、送老人上山,在送葬回来吃过晚饭后,还要给老人烧个彩楼。这个彩楼就是在送葬前放在棺材上的那个,我们这里叫彩楼。彩楼是用竹篾、竹子、纸板和五色纸捆扎装裱而成,象征着一所宽敞漂亮的房子,这个彩楼要在村口烧化。烧化彩楼要由道公来做。彩楼烧化后,这个人在阴间就有房子住了,也表达了阳间的儿孙们对死者的孝顺。我们瑶族对长辈尽孝是一个传统,所以在葬礼过程中,给死者烧彩楼就是葬礼的最后一步了。这个事做完,主家的整个葬礼就算全部结束了。

访谈对象：李保忠

时间：2015 年 2 月 17 日

地点：云南省红河州河口县瑶山乡水槽村委会上水槽村

　　我们瑶山的蓝靛瑶和南溪的红头瑶，葬礼是有区别的，比如，我们蓝靛瑶认为，家先们的道法还不够，所以，我们蓝靛瑶在死老人送葬时，是不会请众位家先的。红头瑶则要把家先单上的所有家先都要请到，也许他们认为他们的家先具有强大的道法吧。

访谈对象：邓少友

时间：2015 年 2 月 18 日

地点；云南省红河州河口县瑶山乡水槽村委会上水槽村

第三节　河口瑶族丧葬仪式中的音乐与法器

一、葬礼仪式中的音乐

例 5-1

在世男女不敬奉
独唱
（读神书香）

红河州河口县老范寨乡蓝靛瑶
演唱：李法保
记谱：尹祖钧
录音采集：尹祖钧、李云
记谱整理：詹林平
时间：2015 年 1 月 26 日

1=bB 2/4 3/4 ♩=86

在世男女　不敬奉，　　死去捞来　敬鬼神。敬

5
奉 爹 娘 为 天 地, 爹 娘 传 报 考 名 声。

9
古 今 存 顺 多 感 应, 至 今 万 代 永 传 扬。

13
知 得 识 书 行 孝 义, 世 事 莫 忧 地 莫 愁。

17
凑 成 一 本 前 古 记, 留 传 世 代 子 孙 贤,

21
儿 子 文 章 第 一 贤, 世 间 能 有 几 人 贤。 邓 君 莫 要

26
争 闲 气, 会 打 官 方 也 用 钱。

例 5-2

请阴阳师
（《救患科》师腔）

红河州河口县瑶山乡蓝靛瑶
演唱：李保忠、盘开云等
译词：邓少友
记谱：詹林平
录音：詹林平
时间：2014年11月23日

1=bB 2/4 稍自由地

香 烧 炉 前 请 你,

5 稍快地 ♩=85
南 容 雪 山 法 坛 进 州 雷 央 行 其, 黑 风 武 当 阴 山

11
庙 内 请 阴 人（啊）,请 你 弟 子 带 来 上 元 唐 相 道 化 真 君、

16
中 元 葛 相 经 化 真 君、 下 元 周 相 师 化 真 君、 本 佩 梅 山

例 5-3

拜香
（《救患科》师腔）

红河州河口县桥头白线瑶
演唱：邓朝亮、邓金宝等
译词：黄廷锋
录音采集：尹祖钧
记谱整理：詹林平
时间：2014年12月8日

1=C 2/4 3/4 ♩=118

如谱例 5-4

度师唱

(唸神)

红河州河口县瑶山老范寨莲花滩（蓝靛瑶）
演唱：邓开元
整理：尹祖均、陈俊； 记谱：詹林平
录音：车绍华、黄明珠等
时间：2015年2月26日

(依)　　　　　　　　　　　　　香 烧 炉 前 云 相 请 你，

竹 杆 大 庙

竹 杆 小 庙，庙 内 请 阴 人，　　请 你 上 界

年 直 (啊 个) 功 曹，

年 直 (啊) 功 曹 又 来 临 (也) (咩)

二、葬礼仪式中的法器

图 5-3　公钹，直径：27.5cm，凹度：3.5cm

图 5-4　母钹：直径：16cm，凹厚：6cm，手握处形似女人的双乳，故而被称之为母钹

图 5-5　锣，直径：38cm，凹厚：1cm

图 5-6　鼓,直径:42.5cm/38cm,厚:21.5cm/17cm

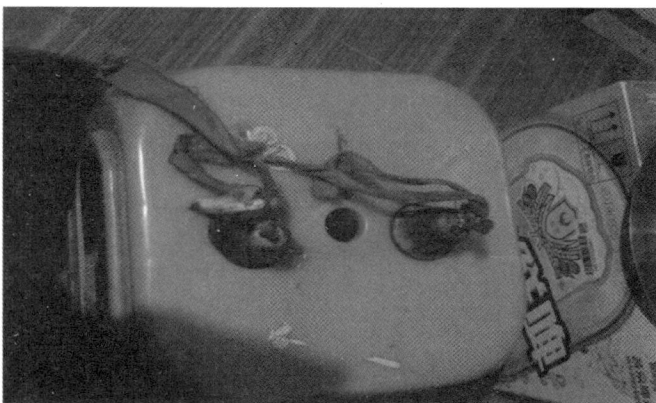

图 5-7　铜铃(法铃),底座直径:4.2cm,法铃高:3.2cm

在吕慧敏著的博士学位论文《生生不息的车轱辘菜——东北二人转在乡土社会中的传承》中,作者写道:"一方面鼓乐之声传播较远,可以将死讯告之乡邻;另一方面,也是更重要的一个方面,是与金铜器崇拜相关的。鼓乐之声既有其实用价值,又有其信仰基础。"[1]

我们这里道法高的师父不管是哪个寨子都不多,现在的娃娃都去国家的学校读书了,对瑶族的这一套传承是有影响的。以前的师父多,道行高法力高得多。现在,虽然我们瑶族的娃娃都要参加度戒,但度过戒的人当中,能够不断加强自身

[1]　吕慧敏.生生不息的车轱辘菜——东北二人转在乡土社会中的传承 [M].北京: 社会科学文献出版社,2014: 243.

道法修炼的人不多,且要有悟性,还要长期坚持下来的就更少了。

我们这里,年纪大一点的师父,因为长期在各种事中做斋,打醮,不管是道派还是师派的经书法事都会一些,没有办法就根据事情的实际情况来承担。所以,有时候在度戒时做师公,过不了多久,如果寨子里哪家死老人,主人家来请去做道公,主持葬礼,给死者超度亡魂,那么,就要穿上道公的法衣,做道公的事情,给死者的亡魂超度。

访谈对象:盘正元,河口县瑶山乡非物质文化遗产传承人
时间:2015 年 2 月 16 日
地点:云南省河口县瑶山乡水槽村委会上水槽村

图 5-8 盘正元穿道公服,担任道公,主持整个葬礼
笔者与道公盘正元在超度现场小歇

图 5-9　盘正元穿师公服,为死者的亡魂超度

第六章　河口瑶族的歌舞乐

第一节　河口瑶族民歌

瑶族是个古老的民族,文化底蕴深厚。瑶族自古以来就是一个最喜歌、最善歌、最能歌的民族,不论男女老少都喜欢唱歌,尤其擅长以歌记史、以歌叙事、以歌会友、以歌待客、以歌行礼、以歌传情、以歌娱乐,不管在任何场合都能一唱百和,以歌为乐。许多民间歌手,都能开口即唱。每逢节日集会,男女相识,歌情触发,一唱就是几天几夜。因此,民歌在瑶族社会生活中占有极其重要的地位。

一、河口瑶族民歌基本特点概述

（一）语言独特

瑶族民歌所用语言自成一个独立的系统,类似于古七律诗古文,修辞多用比兴方法,其发音自成体系,与日常用语区别较大,瑶族叫"歌连语"。

（二）教育意义

瑶族民歌是瑶族认识文字、学习文字的教材,古时瑶族完全靠民歌的文字及演唱识字,通过火塘火灰画字到手抄歌书的过程学习文字。通过学习演唱古歌、仪礼歌、劳动歌、情歌,了解和掌握相关历史、社会和文化知识。

（三）娱乐性强

民歌是瑶族文化娱乐的主要形式，走访串寨、婚礼、节日、聚会、餐桌，甚至丧葬都要演唱相关的民歌，用民歌表达友爱之情。如找着对手，可以唱几天几夜，其乐无穷。

（四）群体参与

瑶族唱民歌基本上都是两人以上的群体性活动，较大型的有节日定歌，人数可达几百人，现场非常热闹，形成了瑶族独特的大歌场面。

（五）旋律平稳

瑶族是个居住在深山老林的民族，民歌曲调相仿大山和谐的自然和声，曲调旋律平稳、深沉优美，形成了独特的民族风格。

二、河口瑶族民歌的歌词形式

瑶族民歌有长有短，少则 4 句，多则数十行、数百行。婚礼歌是瑶族长歌的代表作，有四十二段曲牌，在格律言韵方面，主要是 4 句一首，8 句一对的七言体。但红头瑶的民歌中夹杂有五言体、三言体。瑶山蓝靛瑶唱歌多以合唱形式居多，独唱的少；红头瑶及桥头蓝靛瑶则以独唱、对唱为主。从流传下来的民间民歌手抄本来看，瑶族的歌词形式主要有七言或少量的三言格律形式。目前瑶族民间还保存有大量的民间民歌手抄本。据相关专家学者考证，这种书写格式是受到了唐朝七言格律诗句的影响。因盛唐时期社会稳定，经济、文化强胜，瑶族又聚居在湖南洞庭湖一带，接近中原文化地带，所以瑶族民歌习用了当时盛唐的七律诗为书写格式。有 56 个字为一首的，也有 28 个字为一首的。

三、河口瑶族民歌歌词的格律及音韵

瑶族歌词讲究韵调，有"无韵不成歌"之说。少数也有讲究排比。句无定字，不强调押韵的"自由体"歌谣（歌词）。如《谭生十娘苦》：
第一段（第一句）比如男身见识，（六字）
　　（第二句）一双飞去飞来，（六字）

（第三句）同寿年枕共排头,（七字）

（第四句）夜里百年寿。（五字）

第二段（第一句）见望年逢七月,（六字）

（第二句）十四十五圆圆,（六字）

（第三句）同登到底结良缘,（七字）

（第四句）供养等神山。（五字）

上例的字句排比有类似《西江月》之处：第一、二句为六字句,第三句为七字句,第四句为五字句,第二段排比与第一段相同,这就是讲究排比、句无定字的典型例子。

就笔者的研究来看,河口县的蓝靛瑶、白线瑶、沙瑶民歌歌词,虽不强调押韵,但要求下句词末尾的三个字必须遵循以下规律,例如：

（上句）几日路头守春少（▲▲）,

（下句）今日福全得见龙（▲▲▲）。

（上句）南定北妹守日到（▲▲）,

（下句）空守月圆专上朝（▲▲▲）。

不仅要求下句歌词末尾两个字（▲▲）,要独立成词,而且要求下句末尾三个字（▲▲▲）连起来也要成词,只有这样才便于诵唱。因为在演唱过程中,唱到下句末尾三个字时,是先唱末尾的两个字以后,才返过来再完整地唱出末尾的三个字结束的（详见蓝靛瑶《信歌》）。

下句歌词末尾三个字演唱的特殊规律：

在蓝靛瑶回转唱中,有大部分歌词被反复演唱,现将演唱顺序简明标注如下（以上下两句歌词为例）：

注：凡是"▲"表示唱词与上方的字相同。

（上句词）①各②在¶③各山④难相⑤会,

⑧▲▲ ⑨▲▲▲⑩▲

（下句词）⑥今日 ⑦相逢¶团　在前。

⑪▲▲ ⑫▲▲▲ ⑬▲▲▲ ⑭▲　▲▲

（一）红头瑶返回唱,唱词的特殊规律

其顺序标记如下：

①头上②戴有③天平镜,¶④手里⑤戴有⑥龙凤衣¶。

⑦▲▲⑧▲▲ ⑨▲▲▲▲

（二）半句歌词对唱法的唱词特点

（女方歌词）：(1)<u>抽脚</u>(3)<u>出门空得见</u>（上句）

(5)<u>千年万载</u>不(7)¹<u>见回</u>。（下句）

(7)² ▲ ▲▲

（男方歌词）(2)<u>脚踏</u>(4)<u>桥头眼思见</u>，（上句）

(6)<u>过了前面</u>何(8)¹<u>来争</u>。（下句）

(8)² ▲ ▲▲

(1)先对唱各自上句歌的头两个字（可视为上半句词）即：

（女唱）：（衬词）(1)<u>抽脚</u>（衬词），

（男唱）：（衬词）(2)<u>脚踏</u>（衬词），

(2)接着对唱各自上句歌词的第3至第7这五个字（可视为下半句）即：

（女唱）：（衬词）(3)<u>出门空得见</u>（衬词）。

（男唱）：（衬词）(4)<u>桥头眼思见</u>（衬词）。

(3)接着对唱各自下句词前四个字（可视为上半句）即：

（女唱）：（衬词）(5)<u>千年万载</u>（衬词）。

（男唱）：（衬词）(6)<u>过了前面</u>（衬词）。

(4)最后对唱各自下句词末尾三个字，先唱末尾两个字后，再完整地唱出末尾的三个字。即：

（女唱）：（衬词）(7)¹<u>见回</u>（衬词）(7)²不见回（衬词）。

（男唱）：(8)¹<u>来争</u>（衬词）(8)²何来争（衬词）。

（三）顺唱唱词特殊规律

这应该是瑶族在迁徙过程中,音乐文化反映在曲调上的不同所致,大部分歌词被反复唱,实际已属回转唱。

"顺唱"唱词如下：

（上句）①<u>得坐</u>¶②<u>堂中千般好</u>,

④▲▲▲ ▲▲▲▲

（下句）③<u>如同鱼子</u>¶好⑥<u>游滩</u>。

⑤▲▲▲▲ ⑦ ▲ ▲▲

在演唱时,每组词之前后仍有衬词出现,现省略不标衬词,只将歌词的演唱顺序连起来即为：①"<u>得坐</u>②<u>堂中千般好</u>,③<u>如同鱼子</u>,"到此留下下句末尾三个字不唱,而反复唱(返复记号内的字句),"④堂中千般好,⑤如同鱼子,"最后唱末尾三个字,仍为特殊唱法,先唱末尾两个字,再完整唱出三个字,即⑥"游滩"⑦"好游滩"。

（四）"隔唱"唱词特殊规律

瑶山乡蓝靛瑶"隔唱"的旋律音调与白线瑶的"平唱"音调相似。而唱词的规律更为复杂,返复唱的字句较多,词字分组更细。

"隔唱"唱词顺序如下:
①怨¶是②甲 头③推 着④老,(上句)
⑦▲ ▲⑧▲ ▲⑨▲ ▲
⑤伝两⑥ 相 思¶推着迟。(下句)
⑩▲▲⑪ ▲ ▲ ⑫ ▲▲
⑬▲▲▲

按上述标记演唱对的顺序即为:(衬词)①怨是(衬词)②甲头(衬词)③推着(衬词)④老,(衬词)⑤伝两(衬词)⑥相思(衬词),至此反复唱反复记号内的词即:⑦是甲(衬词)⑧头推(衬词)⑨着老(衬词),(衬词)⑩伝两(衬词)⑪相思(衬词)⑫着迟(衬词)⑬推着迟。

四、河口瑶族民歌的内容及其演唱场合

（一）内容

歌谣中的内容,情歌和礼仪歌占主导地位,青年男女在对歌中,通过"慕名""询问""探情""恋情""定情"的程序来抒发自己的感情,以求得对方的好感。情歌的特点是善于比兴、语言优美、富于抒情,民族特点浓郁,别有风味。

瑶族民歌内容包罗万象,有神话传说、民族迁徙、礼节礼仪、劳动生产、叙述经历、谈情说爱、论说社会等,可分为古歌、迁徙歌、信歌、礼仪歌、劳动歌、苦歌、情歌、说理歌等。其表现形式生动活泼,变化多样,语言精炼。

（二）演唱场合

（1）亲戚串寨会友场合。这种场合主要演唱火塘歌,具体为古歌、

迁徙歌、说理歌和情歌,所谓无歌不成友。

（2）举行成人礼（度戒）、婚礼、葬礼等场合。主要唱礼仪歌,具体为行礼和赞颂歌,这种礼仪歌可以唱到一夜礼仪一夜歌,几天礼仪几天歌,歌声不断直至仪式结束,甚为壮观。

（3）定歌会对歌场合。定歌是瑶族村与村、寨与寨举行的一种场合大、人数多的大型集体对歌活动。定歌形式是一寨男跟另一寨女对歌,通常在节日期间举行,时间为两天一夜。人们通过定歌交流亲情和感情,为青年男女相识牵线搭桥,促成姻缘。

（4）学习信歌场合。瑶族将手抄歌本演唱叫"读信"。"读信"是瑶族学习民歌和提高民歌创作能力的重要方式。瑶族中的年轻人为了了解自己民族的历史知识,三五集群地去找前辈围坐在火塘边或晒台上演唱习读,学习民歌。他们通过读信歌了解民族历史和相关知识,达到提高自身文化知识和道德修养的目的。因此,读信歌也是火塘文化的主要表现形式。

例 6-1

小小葫芦开白花

流行于红河州河口县坝洒、南溪瑶族（红头瑶）
演唱：邓贵清、盘妹留
录音：尹祖均　译谱：詹林平
时间：2015年1月16日

五、河口瑶族民歌的调式

　　云南省红河州河口县的瑶族民歌,由于长期受汉族传统音乐的影响,其调式属于五声调式体系,并且具有多种调式。其中以宫调式的民间歌曲最多,其余各种调式都有。

（一）徵调式

例 6-2

罗白

度师唱
（唸神）

红河州河口县瑶山乡老范寨莲花滩蓝靛瑶
演唱：邓开元
录音采集：车绍华、黄明珠、陈俊、陶兰英、白志强
记谱整理：詹林平
时间：2015年1月21日

1=F 2/4 3/4 ♩=116

（哟窝）鼓动动 了鼓 动 动，

手拎绵帛 鼓颤颤。

手 拎 绵帛 上坛上（啊 哟

呵），

（哟窝） 手拎绵 帛 白 令

令，

两头 绣 出 好花（啊）名（啊 哟 呵

吧）

（哟窝） 一头绣花一 头 绣 凤，

两 头 绣 出 一 双 龙
（啊 哟 呵）。
（哟 窝） 知 是 家 妻
手 制 造， 知 是 风
流 相 送 兄 （啊 哟 呵
吔）。
（哟 窝） 知 是 家 妻 手 制 造，
正 是 风 流 相 送 兄 （啊 哟
呵 吔）
（哟 窝） 正 风 是 流

妹 相 送，
用 来 迎
接 归 阴 功（啊 哟 呵）
（哟 窝
衣）手 拎 绵 帛 手 搭 住，
一 文 二 武
接 阴 功（啊 哟 呵）。

例 6-3

罗白

（《救患科》师腔）

红河州河口县瑶山乡顶板瑶
演唱：盘正元、盘开云等
译词：邓少友
记谱：詹林平
录音采集：詹林平
时间：2014年11月23日

1=bA 2/4 ♩=68

川 光 罗 白 上 坛 中，（哎 呀 哈）
（哎 呀） 手 拎 罗 白 白 孱 孱，
两 头（哎）
绣 出 一 双 龙（呀 呵 哈。）

（二）羽调式

例 6-4

三官坛歌

度师唱
（慢板）

红河州河口县桥头乡桥头、扬棚沙瑶
演唱：邓朝亮
录音采集：廖纪文、尹祖钧
整理：廖纪文、尹祖钧
记谱整理：詹林平
时间：2015年1月18日

（三）宫调式

例 6-5

五龙祭
〈道唱《安龙科》〉

红河州河口县桥头白线瑶
记谱：黄廷锋
演唱：邓朝亮、邓保金等
整理：詹林平

1=C 2/4 3/4 ♩=60

例 6-6

踏三台
〈《救患科》师腔〉

红河州河口县桥头白线瑶
演唱：邓朝亮、邓金保等
译词：黄廷峰
记录采集：尹祖钧
记谱整理：詹林平
时间：2014年11月26日

1=C ♩=55

坛前 坛前 锣鼓 闹同 同， 惊动（那）上 元 唐相 出坛 儿，

· 117 ·

上元（那）唐相 出坛心， 与你 弟 子 师（那）傅 接圣人。

坛前（那）坛前 锣鼓 闹纷纷， 惊动中元葛相君，

中元（那）葛相 出坛儿， 与你 弟子上坛 接圣儿，

坛前（那）坛前 锣鼓 闹纷纷， 惊动（那）下元 周相儿，

下元（那）周相 出坛儿， 与我 保举师傅（那）接圣时，

东洋江水 白潺潺， 东洋 江 水 急潺潺，

说主 有钱打 古开， 说主 （呀）舞钱 过海 滩。

（四）角调式

例 6-7

罗白

（《救患科》师腔）

红河州河口县桥口白线瑶
演唱：邓朝亮、邓金宝等
译词：黄廷锋 录音：尹相钧
记谱整理：詹林平
时间：2014年12月8日

较自由的 ♩=62

（哦 嘿） 鼓 纷纷了 鼓 纷 纷

上元罗 白降坛来 （呀嘿），

第二节 河口瑶族民间歌手简介

一、育棉（红头瑶）歌手

李玉香，男，生于1957年，曾经是南溪国营农场马格生产队队长，初中文化，性情活泼，好学上进，具有一定的翻译和创作能力，熟悉红头瑶民歌，会跳祭祀性舞蹈。他是知名的红头瑶歌手，曾多次出席参加县、州、省的各种民族活动，并为河口县相关部门演唱过祭祀性歌舞《请圣》。

二、侯门（蓝靛瑶）歌手

邓清良，男，生于1947年，高小文化，瑶山顶平人，曾任瑶山乡副乡长。熟悉蓝靛瑶民歌，具有一定创作能力，曾写作了一些叙述瑶族历史变迁、民族迁徙和宣传党的方针政策的新民歌。他和李文祥、盘开荣、李文珍一道为河口相关文化部门演唱了蓝靛瑶的"平唱""读音唱"等品种的民歌。

三、吉门（白线瑶）歌手

邓朝亮，男，生于1949年，高小文化，桥头羊棚村农民。为白线瑶知名的度师、道师和歌手。熟悉各种祭祀活动和唱腔，常利用春节农闲开"卦堂"，培养徒弟。多次参加民族歌手会议，参加首届瑶族"盘王节"。他为河口相关文化部门传唱了民歌《下茶结子》和祭祀唱腔《仰帅》《坛前》等。

邓金保，男，生于1949年，高小毕业，曾经在蚂蟥堡国营农场工作，隶属龙堡三队工人。邓金保和儿子邓文章都是当地知名的度师、道师和歌手，熟悉祭祀性舞蹈和唱腔，经常父唱子跳，互相配合为人"度戒"。曾为河口相关文化部门民歌、民族舞蹈做传唱、传跳祭祀性歌舞，有《过神》《坛前》等。

第三节 河口瑶族的定歌和信歌

一、河口瑶族的定歌概述

节日定歌是瑶族村与村、寨与寨之间在节日期间约定日期、时间、地点进行群体性对山歌的民俗文化活动。节日定歌有白天唱和夜晚唱两种方式，是瑶族唯一的大型群体性民俗文化娱乐活动。

河口瑶族定歌具有以下特征。

第一，历史厚重。节日定歌从宋元明清时期起，都有相关的文献资料记载，隋唐时期就出了祭祀盘瓠的《盘王》。清代李调元在《南越笔记》中说："瑶俗最尚歌，男女杂沓，一唱百和。"

第二，团结和谐。节日定歌是瑶族村与村、寨与寨之间在节日期间大型的集体性群众活动，在活动交流中增加了双方的感情和友谊，构建了双方团结和睦的社会关系，有利于促进社会、经济发展。

第三，文化娱乐。节日定歌是河口县瑶族唯一的群众性文化娱乐活动，活动汇集了民歌演唱、对唱，舞蹈表演，游艺活动，体育竞技等项目，文化娱乐性特征非常突出明显。

河口瑶族定歌具有以下价值。

第一,文化传承价值。瑶族定歌直接传承瑶族传统民歌文化,对保护瑶族民歌这一文化表现形式有重要价值。

第二,文化娱乐价值。瑶族节日定歌活动可以展现民族文化的多样性,丰富人们的精神文化生活。

第三,文化自觉价值。瑶族举行节日定歌活动使参与者得到民族文化享受,认识本民族文化,激发民族自豪感和文化自觉。

二、河口瑶族对歌习俗

瑶族是个最爱唱歌的民族,凡探亲访友、婚礼仪式、度戒仪式、生产劳动,甚至在丧葬仪式上都要唱歌。

> 我们村寨间的对歌一般都在春节前后,有时在秋收后也会举行。
>
> 对歌时,本村的姑娘不能够和本村的小伙子对,必须邀请其他村寨的伙子来村里和姑娘对歌。对歌时,未婚的姑娘、已婚的媳妇都可以来参加,而本村的小伙子们则只能是为对歌的人们提供茶水和吃喝。
>
> 当然了,本村的姑娘们也会被其他村寨的小伙子们邀请去其他村寨对歌。这是我们瑶族村寨与村寨之间,为了加强不同村寨间的联系而举行的,同时也为不同村寨间的未婚青年男女们提供一个以歌为媒的恋爱机会。届时,青年男女都会穿上民族的节日盛装,遇到中意的姑娘或小伙子时,就会在集体对歌的过程中,充分表现出自己所有的才华,一展歌喉,以吸引自己满意的心上人的注意,得到对方的芳心和肯定。
>
> 同一个村寨中的姑娘和小伙子间是不会对歌的,因为在同一个村寨,大家对村寨里的每一个姑娘和小伙子的基本情况都很清楚,都知道对方对歌的水平如何。一旦对得让对方不好下台,下次见面就会很不好意思。和外村的小伙子对歌不一样。因为几乎没见过面,对对方也不了解,即便是对歌中出现让对方下不了台的情况,也无所谓,因为以后几乎见不到面,大家都

不会往心里去。

访谈对象：王桂仙

时间：2015 年 4 月 30 日

地点：云南省红河州河口县瑶山乡水槽村委会上水槽村

瑶族不论男女老少都喜欢唱歌，唱歌时多为集体对唱，但本寨男女青年不能对唱。凡属"唱风流"，有老年人在时不能唱，只有男女两人时才能唱，否则会被人耻笑，同时自己一家人也不能对唱。至于节日一般唱歌，则老少不论，都可以唱，比较随便。

三、对歌的场所

瑶族中能歌者居多，唱歌对歌不受时间、场所的限制，出口成歌，随意抒发，火塘边、田地里、马路上、小溪边、树荫下，随时可听到优美动听的歌声，高兴时村与村之间的男女青年互以信物邀约对歌，深沉抑扬的歌声可达旦通宵。若遇建盖新房、嫁娶和传统节日，歌舞并举，气氛隆重，热闹非凡，凡参与者皆乘兴而来，尽兴而去。

（一）火塘对歌

瑶族有亲戚或客人到家，如果是成人，主人必须请本寨子的人到他家对歌，男客请女士来对，女客请男士来对。对歌时间一般都是夜晚在主人家火塘边进行。双方对歌者，如果对得情投意合，可以一直对到天亮。如果意欲未尽还想对，第二晚、第三晚可以再继续对。过去，瑶族的青年男女或多或少也是通过这种火塘对歌的形式相识、相爱，最后结婚成家的。

（二）节日对歌

瑶族的节日对歌主要是在节日期间举行"定歌"活动。"定歌"是一种集体娱乐活动，时间一般在春节正月十五、三月三、七月半，也可双方自行约定时间。但活动必须提前 15—20 天发出"定歌"邀请函，对方接到邀请函后也要及时反馈信息。"定歌"是在村与村之间进行，但一般太临近的村寨不举行"定歌"活动。"定歌"的规矩是：如甲村的男子三月三邀请乙村的女子"定歌",那么当年七月半,乙村的妇女就要邀请甲村的男子"定歌"。参加"定歌"的妇女要用粽粑叶包三色糯米饭及鸡肉、猪肉等菜肴到歌场对歌。邀请方和被邀请方一般都是中午12时到达定歌场,不会出现失约。对歌形式,人多的村寨分成若干对歌组,人少的村寨不分组,而是集体对唱,有的旁听。桥头、南溪的蓝靛瑶还有丢花包的项目。

四、定歌的主要程序

1. 唱见面歌

参与对歌的双方到达约定地点时,由邀请方先唱见面歌,被邀请方对答。歌词为即兴发挥,没有固定模式。现举一例男邀女"定歌"的见面歌:

> 邀请方(男)唱:
> 几日路头守春少,今日福全得见龙。
> 信内定龙到此地,老少鸳员真上朝。
> 定花鸳龙唱此歌,希望良齐一路行。
> 行到南殿齐慢唱,齐谈鸳员解乐时。
> 被邀请方(女)答:
> 男定北妹守日到,空守月圆专上朝。
> 男半定北到此地,踏上路头得见花。
> 两半有福结金愿,必定共龙共路行。
> 且怕北妹是愚丑,难配伝亲欢乐良。

见面歌唱毕正式进入对歌场面,唱到下午2—3点告一段落。

2. 吃对歌饭

男女双方对歌到下午2—3时休息吃午饭。此时,妇女们从绣花包里掏出准备好的三色糯米饭和菜肴与对歌的男子们共享。对歌的男女人群中有已婚者,也有未婚者。唱歌时,一些未婚姑娘如果暗中看中对歌的小伙子,就在吃定歌饭时特意接近那个小伙子,并嚼一口饭喂他,如小伙子对姑娘不中意,就把饭吐出来,姑娘就走开了,如小伙子对姑娘中意,就把饭吞下去,姑娘就与他共餐,边吃边倾吐爱慕之情。节日之后,女方就请人到男方家提亲。吃定歌饭后开始拉客,即邀请方将被邀请方拉去做客,被邀请方再三推辞,甚至有的逃跑,邀请方去追逐并将被邀请方生拉硬拖去做客,漏网者极少。

3. 长桌宴对歌

客人被请到村里,全部集中到一户宽敞的人家就餐,晚餐摆成长桌宴。过去,长桌宴是用野芭蕉叶在地上铺成长方形,人越多铺得越长。酒、菜、饭用碗盛摆在芭蕉叶上,有多长的地桌就摆多长的菜饭,餐饮者坐成两排不分桌。如今用木板或四方桌连接起来摆,长度根据人数而定。摆在室内为长桌宴,摆在室外为长街宴。全村各家各户都送米酒、三色糯米饭、各类菜肴摆在长桌宴上。开餐时,如果被邀请方是女客,邀请方的青壮年男子都要来陪客;如果被邀请方是男客,邀请方的中青年妇女就全部来陪客。开餐前,客方先唱开宴歌,开宴歌无固定模式,多为即兴发挥,例如:

> 女客开宴唱:
> 一踏贵村庄台上,金盏银杯玉酒甜。
> 美酒金浆献台上,众妹良齐随手沾。
> 无数杂项香满卷,拍手受情感谢恩。
> 亲府贤台甜心药,妹今吃着定沉心。
> 主方(答):
> 天地赐得良福愿,鸳鸯结愿陪还亲。
> 枯启冷台样无样,贤春坐落受饥寒。
> 一盏山茶敬亲乐,无味甜心听面羞。
> 枯地黄茅生孤子,十望良齐依过心。

唱毕开筵歌即可开餐,男女搭配就坐,席间边吃边唱,气氛很热烈,席中口头文学、饮食文化、礼仪文化、酒文化融为一体,主客相互敬酒、敬菜。敬时与其他民族有别,敬酒是将自己酒碗中的酒喂客人,敬菜是搛菜喂客。宴席约吃两个小时,宴后继续对歌,一夜歌声不停,一夜不眠,对唱通宵达旦。

4．送客礼仪

次日早晨后送客，送客有三项礼仪：一是主方送礼，按客方人数每人送一包三色糯米饭；二是退定情歌信物，发定歌函时女方交男方绣花垫肩、扁手镯、自制花腰带，男方交女方银链；三是客方唱感谢歌，主方唱送亲歌。在唱送亲歌的过程中，主方组织相关人员在路上拦客，把客人拉到路边男女搭配继续对歌，表示依依不舍。对唱时间的长短根据时间而定，唱到一定的时间客人即起身返程。客人走时主人即起身向客人再次唱送亲歌，再送一程。

五、瑶族信歌

瑶族信歌，是瑶族民间分散于各地的亲人之间以歌谣的方式写信给远方的亲人或情人的一种古老的信息联络方式。在瑶族的实际生活中，这种以歌谣的形式来传递信息的方式由来已久。据瑶族学者盘承乾先生在广西金秀瑶族自治县的大樟、贺县的平安、资源县的中峰、凌云县的逻楼等地搜集到的二十多封信歌中所反映和表达的内容看，有的反映朝廷的腐败，也有的反映青年男女自由相恋、相思之情的。

我们瑶族的信歌，有各种各样的内容，有求同族瑶胞帮助的，有寻亲认祖的，有青年男女联系感情的，有记录社会黑暗、人们生活困难的。我们瑶族的信歌读信的时候，其实就是唱信歌的时候。读信歌时，音调更趋向于师公、道公们念神书音，像吟诵，有时又像在念或唱。有时又读四个字，唱后面的三个字。有时是唱几句，又念几句。总之，信歌时，可以根据不同的人的习惯决定，可以唱，也可以念。也因为这样，同一个信歌，不同的人读出来，实际的效果是不一样的。

访谈对象：李保忠
时间：2015 年 2 月 19 日
地点：云南省还在河口县瑶山乡水槽村委会上水槽村

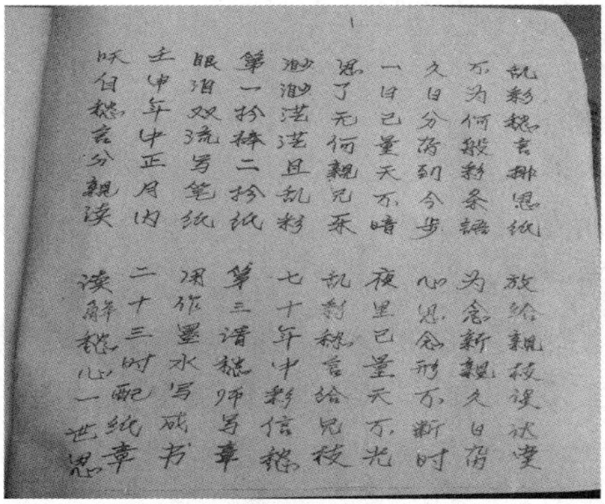

图6-2 思亲、寻亲类信歌的第一页

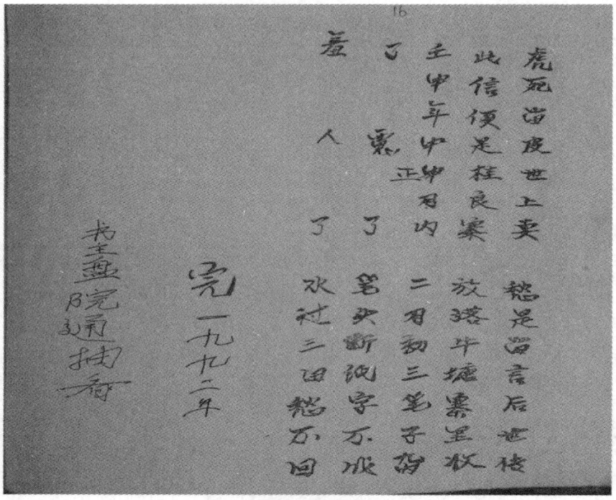

图6-3 思亲、寻亲类信歌的最后一页

瑶族信歌,亦称寄歌或放歌,是以歌代信进行信息交往的一种形式,歌词为七言体,用汉文写成。它的内容广泛,有迁徙情况记录"找亲友"反映生产、生活和爱情等。瑶族人民居住分散,通过信歌传送互通情况,互倾衷肠,以增加感情联系。按照信歌的源头到目的地的方式,以这一区域内的瑶族同胞为"邮递员",在这一个过程中,其间有的瑶族同胞就会传抄一份,朝信歌的目的地传送。笔者在河口县瑶山乡做田野时,就曾经有幸听当地的瑶族群众在春节前后、农闲时,聚集在一起唱信歌。

就笔者田野调查的信歌就有《老挝信歌》《海南信歌》《田州信歌》以及《恋爱信歌》等。其中,反映瑶族人民为了生存而迁移的迁徙信歌较有特色。

例 6-8 为流传在河口瑶山乡一带的蓝靛瑶信歌。

例 6-8

信歌

（读念）

流行于红河州河口县瑶山老范寨、莲花滩一带瑶族中
演唱：李文铮、盘开荣 录音：尹祖钧
译词：盘朝恩、李万福
译谱：詹林平

41
读，（窝）　　读　能　不　成　栲　晓
读，　　　　　读　后　慢　慢　就　知

45
票。　　妈　是　们　侬　系　脇
晓。　　不　是　巧　人　会　写

49
信　（恩），　　对　罗　到　坛　学　脇
信　（恩），　　大　家　催　我　写　封

53
条，　　生　世　不　知
信，　　生　来　不　知

57
爱　写　字　（哎），　　大　来　上　练
爱　学　习　（哎），　　大　来　学　写

61
字　不　成。
文　不　成。

　　瑶族是一个善于用唱歌的方式互通信息的民族，无论他们迁徙到哪里，都会将所迁徙到达的地址、地理环境及生活的基本情况以诗歌的形式告诉自己的同胞，向有瑶族同胞居住的地方散发，由此形成了瑶族独特的文化现象——信歌。如西双版纳勐腊蓝靛瑶传入河口蓝靛瑶的《田州信》，就是瑶族之间的联系信。

　　此信写于田州，后传递到西双版纳，1991 年才传到河口。信的第一段叙述了当初住在广西田州的瑶族迁出去分散到各地，有的到广西，有的到海南岛，有的到贵州，有的到交趾（越南），有的到云南。瑶族同胞们听说哪里好就迁到哪里。听说交趾好就搬出"天朝"，到了交趾后却是一分安乐九分愁，山羊头也吃过。住许多年后，又听说中国云南好，又由交趾迁入广西，游迁到云南临安府（建水）辖区，经开化府（文山）到河口。当时开化府辖八里，临安府有 4 个州 5 个县。

　　据《西南民族史论集》载：明末清初（17 世纪）部分瑶族不堪忍受封建统治阶级的压迫，有若干批从广西移到云南开化（今文山）。有信歌作这样描述：

当初住在广西省，眯眯细小毛亲墙。

坤母乾亲分离了，抛住大妖开化山。

你今退落何山里，贱身又转身云南。

《老挝查亲信》，原是西双版纳勐腊县陈洪云收到，又由勐腊传入河口，约有1300字。此信用瑶族白话文写，信中说：

向中国瑶族写一封思亲信，字不成，歌也作不好，但也要写一封信到中国查本根，瑶族有几姓不说了，凡是瑶族都是亲。我们到异国他乡时间久了，有几代人都不知道，为了找到好生活的地方搬到辽国，写封书信给叔伯听，你们记住我们。

广西陵云县《查亲信歌》是1959年勐腊县邓忠平收到的，后传到河口瑶族中。此信歌的中心内容，主要是寻找由广西迁出的瑶族。信歌中说：

不久闻听电话到，报来一个参观团，成员都是瑶人，心中欢喜乐滋滋。第二天我们去迎接，邂逅天缘万里来，亲戚携手行街上，俩俩难舍也难离。劳烦来此参观的亲兄弟，跋山涉水到我乡，首薯栏杆不像样，待千年兄弟亲，代送一封查亲信，正遇藤门我来收，收的云南信一纸，开来详读是亲文，肚内思量原祖宗，兄弟分支几世春，不曾开言先流泪，真亲千年不会全民，怨恨过去封建久统治，给亲东奔西分离，离了千年也不晓，知是何州思有思亲，家祖根源泗城府，香烧同炉烟满天，宗世不知何里有，闲放信查也不逢，放信查亲知几纸，空着信游不见面，查亲不逢世也罢，连信无个朋友收，广西云南不算远，从古到今曾闻之，小将职名报兄弟，前程宗日好交流，师名院名顶藤姓，道名便是邓云台。姓名报到此，再报家乡给亲知，生在广西陵云县，古代是名泗城府。

《如爸信》是越南清系乡写的信歌，由越南传到河口瑶山乡，此信有3000多字，主要叙述自己艰苦的一生，说父母生了他们三兄弟，他是老大，弟弟已病死。信中这样叙述：

安南马司小生世,山贫穷吃尽旧摆衣,摆衣娘山小住过,磨磨炼炼少年春。一世愁人苦累苦,且唱甲寅乙卯年,四十人家住一村,住旧有伴做歹心,贼人偷牛过乡里,见财贪心拦路头,便捉贼人锁脖颈,有钱买命解系索,贼人求饶三百遍,金钱不要杀身亡。又唱戊己卯岁,天地赐炎杀害人,村里每家成病了,日日祈神杀生灵,卜卦庭前时不断,祭鬼祈祷筵到筵,杀尽生灵病不退,老少人亡支到支,一日抬埋两三个,有半人埋半不埋。死了伤心是苦命,死满巷前无火烟。牛马无人照章专,放满岭头随命生。云南交趾(越南)得住过,处赖处良处不良。皇正国安人民乐,家正老贤儿女全,奉劝世间五音信,男女恩缘此命婚……"

1993 年 10 月,美国瑶族邓耀兴寄来河口一份瑶族民间收藏的《瑶族过山榜》。美国三藩市瑶族盘承福珠寄来一册瑶族资料,共有 3 篇,第一篇为《伏羲姐弟造人烟》,第二篇为《漂洋过海》,第三篇是叙述寮国自 1948 年起战争不断。沙谱官反政府武装在地方作乱,政府逼瑶族组织武装去与反政府武装对抗。到了 1963 年,又出现暴动,1967 年战乱,瑶族生活十分艰苦,后来反政府武装战败,瑶族做了官。1967 年 3 月又乱,白苗王宝得当官,组织几万苗族兵击败反政府武装。1973 年草皇从新反扑,王宝又去对战,瑶族也参战,地方十分混乱,百姓东躲西藏,有的逃往泰国。1980 年,瑶族各自逃生,一部分在寮国,一部分逃往泰国,一部分逃往美国,有的逃往法国,有的去加拿大,共宗共祖的分散,共娘的也分散。拆散了瑶人十二姓。[①]

1994 年,美国加州屋伦县瑶族赵富官、赵富贵写给金平县盘成定、盘成友及河口县龙东赵文安、赵富保的信歌,共有 4550 字。信歌叙述了他们在中国的迁徙路线和瑶族的历史传说。

美国俄勒冈州将兰府瑶族赵称府、邓有兴、赵万宝回金平县赵大妹的信歌,又传到河口龙堡盘富香家,主要内容是《盘古开天置地》的古歌传说。[②]

---

① 该资料来自于云南省红河州河口县河口镇非物质文化遗产保护中心。
② 该资料来自于云南省红河州河口县河口镇非物质文化遗产保护中心。

瑶山瑶族收的一封《普舌信歌》,中心内容是说作者的祖先是过迁徙游耕生活,原住在广西泗城府田州,清道光元年(1821年)十月接到交趾(越南)瑶族的信,说哪里好生活,一年才交三钱银税,别广西山水林,过隘门入小朝(越南),到哪里有野牛和白象,猴子成群,白鹇满林飞。人住的是竹瓦房,山水也好,五谷丰登。在小朝居住,但到庚寅辛卯年(道光十一至十二年,1831—1832年)受鼠灾,漫山遍野都是老鼠,最大的有1.5千克,吃了粮食无收成。壬辰年(光绪十八年,公元1892年),庄稼又受蚂蚱灾,蚂蚱飞到空中遍地暗,翅响轰隆应山川,粮食颗粒无收。到了癸巳年(光绪十九年,1893年)又遇战争和土匪,地方战乱,老百姓不能种庄稼,东躲西藏,过着野人般的生活。村寨里杂草丛生,瑶民因为担惊受怕又迁回中国。

第四节　河口瑶传道教的音乐与乐舞

一、在师公道公中传承的河口瑶族音乐

笔者调查的河口瑶族普遍信仰道教,崇拜多神献祭盘古、神农、社皇、瘟王、女娘、雷神、谷娘、帝母、罗五娘等数十位神灵。他们主要的宗教活动有度戒、打斋、祭龙、扫寨等,而在这些宗教祭祀活动的过程中,均会由师公、度师或道师边唱边跳一些有关的祭祀性歌舞,祈求神灵保佑人畜兴旺,粮食丰收,或教育受戒者。祭祀性歌舞,瑶族也把它当做一种歌舞娱乐。凡属师公、度师、道师在祭祀活动中所唱的曲目,均归入祭祀类歌种,其中包括读念、念神、师公音,以及坛歌中的快板、中板、慢板祭送亡歌等曲目品种。

(一)读念

读神书声读念(读神书声),曲调简短,音调近似朗读书声,故此得名。读神书声,用于快速念唱经文或集体齐唱,以教学经文、读念长诗、经典故事等。

（二）念神

河口蓝靛瑶在祭祀活动中，度师或道师所唱的各种曲调均统称"nAm mAn"（囊满），意为"念神"，"mAn"（满）是瑶族神、鬼的同义词，本处译为"神"。

度师与道师区别在于：度师可以杀生，但不得主持丧葬的祭祀活动；道师则不可杀生，但可以当丧葬祭祀活动的师傅。

除此之外的一切祭祀活动无论度师或道师均可以主持。凡遇到度戒、打斋、祭龙、扫寨等祭祀活动，均由度师或道师主持，边敲鼓，边念唱有关经文。另几名助手，手持钹、铃、罗帛、经书、刀、弓箭之类的道具，随之起舞。每次祭祀活动所唱内容先后次序基本相同。共分九个步骤。

第一，动鼓（敲鼓）后跳《刀舞》。

第二，唱《功曹》后再次跳《刀舞》。

第三，祝贺楼台唱《罗白》①《念相》《求娘娘保生贵子》跳甩花瓣。

第四，《请圣》。

第五，启师唱《罗白》《念相》《请三元》跳甩花瓣。

第六，《召龙》。

第七，《安坛》。

第八，《常晕》。

第九，《奉送》。

标题不同，其曲调旋律也不尽相同，即使同一标题的曲种，各支系的唱腔也不一样。另外还有《献酒》《坛前》《洞中咒》《过神》《仰帅》等之类的曲调唱腔也成为曲牌名称。

（三）师公音

红头瑶主持宗教祭祀活动的师傅，称之"sAl zoŋ（赛茸）"，意为"师公"，其所唱之歌统称"sAl zoŋte（赛茸契）"，意为"师公音"。"师公音"系此类曲目的总称，其中有各种不同旋律曲调，则以曲牌名称来区别了。

师公音曲调较优美动听，调式有徵调式、羽调式及罕见的角调式，曲调富有浓郁的民族气息，实为民歌宝库中之珍品，值得学习利用。

---

① "罗白"应为"罗帛"。"罗帛"是度师在唱罗白时，所用的一条白布巾，因瑶族长期习用"罗白"二字代替，故仍沿用《罗白》相称。

祭祀歌主要在举行宗教祭祀活动的过程中由师公或道公诵唱,在河口瑶族民间的歌谣中占有极为重要的地位。有《三清众圣歌》《五谷出世歌》《黄巢王歌》《创世歌》《伏羲兄妹歌》等。诵唱此类歌谣,主要是为达到迎神、娱神和酬神的目的,以便在活动中能得到神的帮助,使宗教及其他活动能够得以顺利进行。

如金平县红头瑶的《三清众圣歌》唱道:"踏上青云殿上去,踏上紫薇五色云。……闻说今朝有状请,道德天尊齐下坛。……闻说今朝有状请,众官众圣一齐临。"[①]

（四）以板眼分类的祭祀曲目

1. 耿底门（沙瑶）

祭祀活动中所演唱的曲目名称,以曲调的速度快慢来命名,有快板、中板、慢板等。根据不同场合选择不同类型。

即使是同一类型不同的师傅唱腔也不相同。

使用场合及演唱形式及所唱内容均与念神类相同。此外,沙瑶还有一种"开卦堂"的祭祀活动。

春节、农闲期间,沙瑶还组织唱坛歌的娱乐活动,运用慢中板、快板等,加上打击乐伴奏,形成多声部的交织体,气势非凡,扣人心弦,可谓瑶族的原始"交响音乐"。

2. 送亡歌

蓝靛瑶、白线瑶、沙瑶在丧葬祭祀活动中,亲友以歌唱形式来赞叹死者,此类歌种,称之为"θoŋ muŋ dzoŋ（松蒙永）",意为"送亡歌"。《大圣叹别离无上》《在世男女不敬奉》《十叹老人》《五更五点》《十月怀胎》等,均属此种场合所唱的内容。通常有专用曲调。但蓝靛瑶支系中缺少专门用于送亡的曲调,所以,在这个仪程中,各位师公和道公就采用平唱或者是念读的模式来表演（歌唱）以上曲调的内容。道公和师公在跳舞的过程中,还要同时唱诵经文,敲击锣鼓,一时间,形成边跳边唱的娱人场面。

---

① 《民委民族问题五种丛书》云南省编辑委员会.云南苗族瑶族社会历史调查[M].昆明: 云南民族出版社, 1982: 155.

二、在师公道公中传承的河口瑶族舞蹈

云南瑶族的舞蹈源远流长，异彩纷呈，但就河口来说，民间的宗教祭祀舞蹈以及民俗活动中的还盘王愿时的长鼓舞，由于没有得到很好的传承，已逐渐消失了。

瑶族舞蹈一般用于度戒、打斋、祭龙、祭祖、婚丧以及其他祭祀活动中，但主要用于度戒，所以称之为度戒舞。

度戒舞有"跳师"和"跳道"之分，一般度小孩时"跳师"，打斋和祭丧时"跳道"，但在整个度戒仪式中往往是两者结合使用。"跳师"和"路道"动作基本一致，但转身的方向相反，"跳师"往左，"跳道"往右。跳时配有唱神歌，锣、鼓、钹打击乐器，以及经常变换手中罗帛、神像、花边、大刀、铜铃、洞典、棍子等道具。这些道具在使用上所代表的意思各有不同，如罗帛是一种头巾，请神时用来装扮。神像是三元面像，代表阴司，是度师师父的神像，意思是请师父。花边是代表一束鲜花，献给神灵的意思。长刀（或剑）表示指挥战斗。这些舞蹈程式各支系的称谓有所不同，但其内容实质一致。这些舞蹈动作简单，节奏轻重缓急兼明，反映了瑶族人民对神灵、祖先极端虔诚、真挚的崇拜。动作变化或时间长短根据神歌唱本内容而定，但在每段的开始则用一个基本舞姿作为开端，然后就东、南、西、北、中各跳一遍表示对各方神灵及祖先的崇敬。队形变化一般有横排、圆圈、走绕八字穿花、方形等。

舞蹈基本动作，蓝靛瑶、白线瑶、沙瑶大致相同略有小异。蓝靛瑶是单脚划步屈伸，白线瑶是提脚辗跳，沙瑶是走步辗转。红头瑶的跳法区别大些，动作在于迈步屈伸。总的动律特征为屈膝、颤动、摇摆下沉、俯身。

在进行度戒仪式时，度师和道师在度戒人之堂屋或野外场地跳舞戒舞。场内设有神台香案，度师和道师根据神歌的内容，通过请神、献神、送神仪式在锣鼓伴奏下翱翔起舞，经常不时变换手中的道具。舞蹈共分十四套组合，请神时跳的组合有《动鼓》《功曹》《请圣》，拿的道具有鼓、锣、钹、铜铃、洞典；献神时跳的组合有《召龙》《罗帛》《戴像》《甩花边》《送娘路上》《赎谷魂》，拿的道具有罗帛、神像、花边、铜铃、洞典；送神时跳的有《安坛》《场晕》《行朝》，拿的道具有洞典、铜铃、棍子等。

其舞蹈的分工特点在于摆身屈膝，略带颤动，脚上动作变化多，跳时

多是半蹲姿势,节奏平稳,没有大幅度的跳跃动作。每套舞蹈必跳三遍,每遍必跳三次。度戒舞集中地反映了对祖先、神灵的崇拜,而舞蹈限于道师、度师,师承相传,直至现在仍保留着原始古朴的风貌。度戒舞蹈的音乐,一般是根据舞蹈结合经文内容进行念唱,鼓、锣、钹伴奏,念唱的旋律不太强(带口语化)。它的调式结构多为宫调式和徵调式,节奏为四二拍子、四三拍子。但舞蹈动作只沿打击乐节奏,不受音乐节拍限制。

在河口但凡举行宗教活动、节日庆典、度戒、婚丧嫁娶等重大活动都必然会有歌舞相伴,舞蹈是当地瑶族人民在社会生活中的必不可少的重要组成部分。但凡在重大的活动中,舞者多为师公、道公或其助手、弟子等宗教人士,所以舞蹈带有很强的娱神目的,带有明显的瑶传道教的宗教色彩。蓝靛瑶和过山瑶的舞蹈有长鼓舞(在历史上曾经有过)、铜铃舞、刀舞、龙虫舞、庆丰收舞等,除庆丰收外,其他的大多都是宗教性舞蹈。

现在每逢还盘王愿等宗教祭祀活动,师公或其弟子在仪式过程中都要跳起长鼓舞。长鼓舞在宋代文献中就有记载。明末清初时顾炎武在《天下郡国利病书》中对长鼓舞有较明确的记述。河口的瑶族也是由两广迁来的,本应该传承下来,可是长鼓舞已经在河口瑶族中失传。

云南境内,在瑶族社群中广为流传的铜铃舞,因其使用场所为宗教性质的祭祀场所,所以说铜铃舞也属于宗教祭祀性舞蹈的范畴。其主要由师公道公和其助手或弟子们在度戒、葬礼以及还盘王愿等大型的宗教活动中表演。铜铃上一般都会系有虎牙等装饰品进行装饰,绑着小红花,在舞蹈时,发出阵阵悦耳清脆的声音。

跳铜铃舞时手摇铜铃,举过头顶,弓着腰弯着腿从场地两侧出场,随后在锣、鼓、钹等乐器的伴奏下,侧着身体相互追随走小圆场步,随后或原地相对,或左右转身摇动铜铃。一会儿弓步或者矮步相互追随着走小圆场,或双人相对着跪在地上,双手则把铜铃和法木举过头摆动。

拊镲舞、刀舞都属于祭祀性舞蹈,一般情况下在举行度戒和还盘王愿时才会表演。除此之外,在打斋、扫寨等瑶族传统的民间宗教祭祀活动过程中也跳,旨在敬神驱鬼,驱邪逐恶。刀舞有的地方又把它叫做脚步棍舞,一般在举行度戒仪式的过程中由主持仪式的师公或道公跳。跳舞时舞者要分别向东、西、南、北、中五个方位来跳,象征着在神灵的帮助下,把道坛或舞台四周的各种孤魂野鬼、邪神恶煞等统统杀死或赶走,使这些孤魂野鬼、邪神恶煞等不得扰乱度戒,以保证度戒顺利地进行。

挝镲舞、刀舞的舞蹈风格粗犷有力、潇洒自如又具备刚健优美的特点,舞蹈进行的过程中一直有锣、鼓、钹在一旁伴奏。有意思的是这些舞蹈在表演的过程中,其节奏与伴奏又自成体系,有的时候甚至还会出现就音乐而音乐的情况,这也许就是田野中音乐的多样性和变化性的表现吧。

龙虫舞是一种用于丧葬祭祀仪式过程中的舞蹈,具有明显的宗教性舞蹈特征。所谓"龙虫",就是人们用稻草或茅草等其他野草用手工编扎而成的长度大约在一米左右的"小龙",因其身短小而得名"龙虫"。在一般情况下河口瑶族的"龙虫"是在为死者送灵、烧灵时跳舞所用的道具,据当地瑶族村民说它能"上天入地,具有非凡的法力"。

舞蹈还是在锣、鼓、钹的音乐伴奏下进行,由四个男子表演,这四个男子均是师公或道公的弟子。在舞蹈过程中,他们均双手抱着龙虫,分别朝上、中、下三个方位舞动。在瑶族民间舞蹈的语汇中,这三个动作象征着上元、中元、下元"三元",分别代表着天空、地面和地底。在云南省,龙虫舞主要流传在文山州的麻栗坡、西畴、马关、砚山等县的部分瑶村,在红河州河口县部分瑶族村寨也有流传。

三、师公道公文化的语境分析

就瑶传道教本身的经书经典而言,其文本的广义定义,不仅包括经书、典籍等内容,在活态的瑶传道教文化研究中,还包括舞蹈、舞蹈伴奏、器乐伴奏、唱腔曲调等,也就是一切可以被用来阐释瑶传道教内容的语境皆可以被视作文本。

在当代学术背景下,笔者使用文本(version)这一概念,强调其两点特性。

其一,师公和道公在对瑶传道教宗教文化进行表演的过程,同时也是他们对瑶传道教进行传承的过程。因为在瑶族村寨中,但凡举行较大型的宗教祭祀活动,不管是师公还是道公,都会带上他们各自的弟子作为祭祀仪式过程中的助手。比如在瑶族的度戒或挂灯仪式的实施过程中,或在瑶族的葬礼仪式实施的过程中,都需要年青的弟子们的协助来共同完成。同时这一系列的活动也是年青的弟子们接受和学习演唱道教音乐的最好方式和途径。

其二,对于瑶传道教宗教文化的学习,是从单纯的经书、典籍的学习到结合世俗民间中具体的演唱道教音乐的文化展示（或表演），因此要从不同的角度去理解从文本到语境的研究视角的扩大和研究范式的转变①。

---

① 刘晓春.民间文学的语境[A]."非物质文化遗产保护视野下的传统戏剧研究"国际学术研讨会论文集（下）[C].2008.

第七章　河口瑶族其他传统文化艺术

第一节　河口瑶族的传统舞蹈

现在河口瑶族舞蹈,除度戒舞之外,民间可见的还有红头瑶的《捉龟舞》《棍舞》,蚂蝗堡沙瑶的《新年舞》。

《捉龟舞》是红头瑶的民间集体舞蹈,有一探、二捉、三穿、四背、五破、六挂等层次表演,动作多属模拟性,每变换一个动作转三圈,舞蹈动作极为欢快。打击乐有鼓、锣、钹。

《新年舞》是蚂蝗堡瑶族过春节时跳的舞蹈,道具是纸扇或棕扇。该舞蹈流行于蚂蝗堡农场曼帕队,打击乐有鼓、锣、钹。跳舞时除打击乐外,还有歌伴唱。

《度戒舞》共分为 14 套组合,请神时跳的组合有《动鼓舞》《功曹舞》《请圣舞》,祭神时跳的组合有《召龙舞》《罗帛舞》《戴像舞》《花鞭舞》《送儿舞》《谷魂舞》等。上述舞蹈的道具有罗帛、神像、花鞭、铜铃、洞典。送神时跳的舞蹈有《安坛舞》《尝荤舞》《行朝舞》,道具有铜铃、洞典、棍子等,打击乐有岩羊皮鼓、铜锣、铜钹、铜铃等。这些舞蹈动作简单,节奏有轻有重,有急有缓。动作变化或时期长短根据唱本内容而定,但每段的开始都用一个基本舞姿作为开端,然后东南西北和中间各跳一遍表示对各方神灵及祖先的崇敬。队形变化一般有横排、圆圈、走绕八字穿花、方形等。

第二节　河口瑶族的传统工艺美术

一、河口瑶族的传统刺绣

河口瑶族擅长挑花刺绣,特别是红头瑶的绣花图案较为美丽,史书上有好五色衣、五彩斑斓的记载。妇女的围裙和裤子上的花纹图案有较高的审美价值。瑶族妇女聪明、勤奋,绣花材料随身携带,无论是在家中还是在野外劳作,一有空闲,即将绣花布料取出,席地而绣。挑花刺绣是瑶族妇女的传统手工艺,她们在儿童时代就在母亲的指导下学习挑花刺绣,到了十七八岁技术就相当娴熟了,可以为自己做精美的服饰。

红头瑶喜欢在妇女的衫领、袖口、围裙、裤子和男人的头帕、背部、袖口绣花;蓝靛瑶喜欢在妇女的垫肩上,男人荷包、伞套上绣花;桥头瑶族喜欢在妇女垫肩上绣花;蚂蝗堡瑶族喜欢在男人荷包、伞套、挎包上绣花。

瑶族各支系由于生活环境的不同,有着各自不同的审美意识。挑花刺绣和花纹图案各具特色和风格,蓝靛瑶擅长挑花,红头瑶妇女擅长刺绣,但都用红、绿、黄、白色彩线互相搭配。过去在没条件购买丝线的情况下,瑶族妇女自养蚕茧,用染料自染。蓝靛瑶挑花的图案以花卉为主,花样有八角花、桃花、树叶等。红头瑶刺绣图案以比较抽象的几何图案组合为主,有三角形、菱形、四方形、齿形、草木等。瑶族妇女挑花刺绣时,不需描图画样,全凭智慧,顺纱线走针,用灵巧的手、娴熟的技艺依据衣裤的纱纹、经纬,绣出五彩斑斓的精美图案。瑶族挑花刺绣,是中华民族服饰文化的重要组成部分。特别是蓝靛瑶道公的长至踝关节的长袍服,衣服上绣满了古代人、虎、龙、马、太阳、山等神图的花纹图案,是瑶族妇女智慧的结晶。

二、河口瑶族的传统绘画

瑶族民间的绘画作品,主要是度戒师为度戒者度戒时在神坛处挂的神像。这些神像各支系有所差异,红头瑶的神像有元帅、林宝、道德天尊、开方、五皇、天府、地府、阳间、水府、家先、六帅、巡司、相坛、三清、先元帅、雷霆元帅、邓元帅、把坛元帅；蓝靛瑶的神像有功曹、监厨、邓元帅、赵公元帅、关帅、马帅、九罡桥、太清、上清、玉清、上元、中元、下元等。这些神像是彩色图,过去绘画的颜料都是自己配制,现在则去市场买水彩来画。神像一般宽 60 厘米,长 80 厘米,多绘于牛皮纸或布上,经久耐用,便于收藏。

三、河口瑶族的传统雕刻

瑶族的雕刻艺术主要是度戒师的雕刻面具、三元印。在度戒师中较有名的雕刻师是蚂蝗堡曼帕人李老满,他雕刻的面具比较逼真,除自用外还出售到麻栗坡县和广西,1998 年被云南省文化厅命名为民间美术艺人。瑶族雕刻的工具有斧子、柴刀、锯子、筑刀,选用的木材硬度较强,木质细腻,不生蛀虫,耐腐朽。雕刻的图像除面具、三元印外,还雕神像与人像,以及马、虎、龙等动物图。

四、河口瑶族的传统编织工艺

瑶族的编织品种类多,工艺精湛,用途广。竹种选用薄竹、金竹、苦竹。大型的编织品有囤包、衣裤箱、马蓝、背篓、簸箕、桌子。小型的编织品有刀箩、针线盒(瑶族称“哈”)、筷子箩、网兜、筲箕、筛子等。编织品质的关键是剖篾、竹种、编织技术。

瑶族自种棉花,自织布、染布,棉种是草棉,收棉后通过除籽、抽线、纺线、织布、染布等程序来完成整个织布过程。

第三节　河口瑶族的民间文学

瑶族民间文学十分丰富,有文字文学和口传文学。文字文学是用文字记录,在民间传抄传承下来的;口传文学是在民间通过口头流传下来的。瑶族的民间文学多见于文字记录,特别是故事和歌谣,先是在民间口头流传,然后民间的识字人又用文字记录下来,这样互相传抄,即成为文字文学,但这些都是手抄本。过去,部分不识字的人是通过父教子、友教友、度戒师教徒弟来读这些故事和歌谣进行扫盲的。这些人开始学读,后来学抄,虽然未进过学校,但成了识字人。民国时期,有百分之五十的男子都识汉字和瑶族创造的文字,这些人就是通过手抄民间文学学来的。云南大学徐祖祥教授在《瑶族文化史》中说:"口头性虽是民间文学的重要特点和显著的外部特征,但不能把口头性绝对化,把它当做民间文学的本质特征,如果把凡见诸文字的文学创作均排斥于民间文学之外,不仅会引起概念的混乱,而且会大大缩小民间文学的范围。"

瑶族民间文学有故事、歌谣、谚语等。

一、河口瑶族流传的民间故事

河口瑶族的民间故事,按民间文学分类,可分为神话传说故事、动物故事、童话故事、生活故事等。其中,神话故事有《盘古开天辟地》《布谷鸟》《兄妹造人烟》《葫芦姑娘》《白蛇娘子》《扇子变妻子》《昆虫繁衍人》《皇帝》《妖魔血》,动物故事有《老虎和癞蛤蟆》《灶君和灶王》《黄氏姐》《刘三姐》《梁山伯与祝英台》等,童话故事有《猩猩歌》等,生活故事有《斑鸠歌》《八兄弟》《公羊婿》等。

按非物质文化遗产的要求分类,分为开天辟地神话、洪水滔天人类再繁衍神话、祖先神话、人类起源神话、人物传说、风俗传说、动植物故事、鬼怪故事、婚恋故事等。

二、河口瑶族流传的民间歌谣

歌谣,指随口唱出,没有音乐伴奏的韵语,如民歌、民谣、童谣等。瑶族民间流行着大量的歌谣,并且有很多手抄本。河口瑶族的歌谣,恋爱、婚姻、宗教活动都离不开歌谣。种类繁多,蓝靛瑶语支瑶族的歌全部是七言体,信歌夹三言体。然而红头瑶语支的瑶族,民歌夹杂有三言体,信歌及其他歌谣又全部是七言体,包括大部分经书都是七言体。河口县境内的瑶族歌谣,按民间文学分类,可分为创世歌、历史传说歌、劳动歌、时政、仪式歌、生活歌、儿歌、情歌等;按非物质文化遗产来分,可分为创世歌、叙事古歌、仪式歌、山歌、劳动歌、情歌、儿歌、舞蹈歌等。

参考文献

[1]陈铭道.西方民族音乐学十讲——历史文献与写作[M].上海：上海音乐出版社,2010.

[2]曹本冶.中国传统民间仪式音乐研究（西南卷）[M].昆明：云南人民出版社,2003.

[3]曹本冶.中国民间仪式音乐研究[M].上海：上海音乐出版社,2007.

[4][日]竹村卓二.瑶族的历史和文化——华南、东南亚山地民族的社会人类学研究[M].金少萍,朱桂昌,译.北京：民族出版社,2003.

[5]史宗.20世纪西方宗教人类学文选（上册）[M].金泽等,译.上海：上海三联书店,1995.

[6]乔建中.土地与歌——传统音乐文化及其地理历史背景研究（修订版）[M].上海：上海音乐学院出版社,2009.

[7]史新民.道教音乐[M].北京：人民音乐出版社,2005.

[8]王铭铭.西方人类学思潮十讲[M].桂林：广西师范大学出版社,2005.

[9]徐祖祥.瑶族文化史[M].昆明：云南民族出版社,2001.

[10]杨民康.瑶族传统仪式音乐论文集[M].北京：文化艺术出版社,2014.

[11]杨民康,杨晓勋.云南瑶族道教科仪音乐[M].北京：文化艺术出版社,2014.

[12]杨民康.瑶族传统仪式音乐论文集[M].北京：文化艺术出版社,2014.

[13]张志哲.道教文化辞典[M].南京：江苏古籍出版社,1994.

[14]邓永和.河口瑶族自治县概况[M].北京：民族出版社,2007.

[15]河口瑶族自治县人民政府.云南省河口瑶族自治县地名志[M].北京：生活.读书.新知三联书店,1994.

[16]车绍华.河口瑶族度戒舞调查[J].民族艺术研究,1993（1）.

[17]胡起望.论瑶传道教[J].云南社会科学,1994（1）.

[18]盘承乾.瑶族宗教仪式及其音乐舞蹈[J].广西民族研究,1987（3）.

[19]吴宁华.瑶族音乐研究综述[J].中国音乐,2004（2）.

[20]余文.云南瑶族宗教服饰内涵[J].云南民族学院学报(哲学版),2002（5）.

[21]尹祖钧,盘朝恩.河口瑶族道教音乐调查[J].民族艺术研究,1992（3）.

[22]周高德.道教的礼仪[J].中国宗教,1996（4）.

[23]赵廷光.瑶族度戒与道教的关系[J].云南社会科学,1991（6）.

[24]尹祖钧,盘朝恩.河口瑶族道教音乐调查[J].民族艺术研究,1992（3）.

[25]邓桦.云南文山蓝靛瑶"度戒"仪式教育过程的研究[D].重庆:西南大学,2011.

[26]吴宁华.史诗《盘王歌》的音乐民族志研究——以广西贺州、田林两地个案为例[D].北京:中央音乐学院,2012.

[27]徐祖祥.瑶传道教及其与云南瑶族关系研究[D].成都:四川大学,2002.

后 记

　　河口瑶族所有的民俗活动,比如成人礼、婚礼和葬礼几乎都是在夜里举行的,参加每一次仪式都是对自己肉体和精神极限的一种挑战。然而这些对我来说,已经不算什么,两年以来的像回家一样的田野工作,让我甚至爱上了这样一种与大自然和少数民族同胞亲密接触的工作环境,仅仅是生活和交通条件差点。其实,最大的困难和挑战全都来自于我自己。因为种种原因,使我不能像其他同学那样能在学校里专注地进行论文的写作。对我来说,我首要的职责不仅仅是完成论文,同时还要承担做一个孩子父亲的责任。而这个责任,需要我付出比其他常人更多的精力。我也想和太太、孩子一起玩耍,多抽出点时间陪陪女儿,但为了考察,我和我的太太不得不带着女儿一起,踏着天边黎明前的启明星又一次出发。在写作论文的时候,为了不受女儿以及琐事的影响,我只好到学校的教学楼去,经常凌晨才回家,几乎每一天都是早出晚归。还好,到今天,我终于走了过来。

　　在做田野工作的过程中,我首先要感谢云南省红河州河口县文体局的领导,感谢河口县河口镇非物质文化遗产保护中心的白科长和邓国群主任。特别是邓国群主任,是他给我提供了弥足珍贵的资料,并不止一次地为我讲解瑶族文化在具体日常生活中的体现情况。多年来,他一直在支持我做河口瑶族文化的研究工作。对我而言,他亦师亦友,每当我遇到有关瑶族文化不清楚的地方,他都耐心地、详细地给我解答,直到我理解为止。在此表达我深深的谢意。

　　接下来,我还要感谢长期在河口县做文化研究的学者尹祖钧、盘朝恩两位前辈,是两位前辈在河口多年的田野研究,为河口瑶族传统文化打下一个坚实的基础,同时也为我的研究提供了一个有力的支点。要致以最诚挚感谢的,是那些瑶族文化的传承者,仪式中的师公、道公、媒人、部礼公、大小差郎、大小接客、大小姻姑等以及众位乡亲们。他们所给予的无私帮助是我田野工作乃至论文得以顺利完成的先决基础。感谢河口县瑶山乡上水槽村的盘正元父子俩，我每一次在瑶山乡做田野工作，都得到了他们的热情帮助，盘正元师公对我的问题总是有问必答。在河口县老范寨乡做田野工作时，邓国群的父亲，作为当地具有影响力的老师公，更是耐心地给我一个外来人详细地介绍和讲解有关瑶族的传统文化知识，使我在诸多瑶族传统文化问题上茅塞顿开。还有上水槽村的邓少友师公、盘开云师公、李保忠以及盘胜明村长等，都给我许多帮助，在此一并谢过。

詹林平

2020 年 8 月于贵州·六盘水